眼波見桓仁根穴學『空』辛丑2021希野氏八卦仙易

희야음양합일오도송
希野陰陽合一悟道頌

希野陰陽合一悟道頌
희 야 음 양 합 일 오 도 송

초판 1쇄 발행 2021년 1월 13일

지은이 이경희
펴낸이 장길수
펴낸곳 지식과감성#
출판등록 제2012-000081호

디자인 최지희
편집 최지희
교정 박솔빈
마케팅 고은빛, 정연우

주소 서울시 금천구 벚꽃로298 대륭포스트타워6차 1212호
전화 070-4651-3730~4
팩스 070-4325-7006
이메일 ksbookup@naver.com
홈페이지 www.knsbookup.com

ISBN 979-11-6552-635-1(03810)
값 10,000원

ⓒ 이경희 2021 Printed in Korea

잘못된 책은 구입하신 곳에서 바꾸어 드립니다.
이 책의 전부 또는 일부 내용을 재사용하려면 사전에 저작권자와 펴낸곳의 동의를 받아야 합니다.

이 도서의 국립중앙도서관 출판예정도서목록(CIP)은 서지정보유통지원시스템
홈페이지(http://seoji.nl.go.kr)와 국가자료공동목록시스템(http://www.nl.go.kr/kolisnet)에서
이용하실 수 있습니다. (CIP제어번호 : CIP2020055135)

홈페이지 바로가기

眼波見桓仁根穴學「空」辛丑2021希野氏八卦仙易

희야음양합일오도송

음양「明」합일『一心양심의식합일』하늘본성의학연구

希野陰陽合一悟道頌

이경희Esther-Esthetic1361 지음

希野之夢
악한 몸을 선한 몸으로,
탁한 마음을 청한 마음으로,
천박한 본성을 후덕한 본성으로,

希野理念
大德 大慧 大力
인성꽃을 피워서 본성별빛으로 밝히소서!

希野正道
배고픈 인간의 길을 선택한다.
배부른 동물의 길은 선택하지 않는다.

『麻姑大城律呂始原---東夷族亞理朗』
<u>陰德</u> "자궁수마음구멍" <u>陽道</u> "본성별빛 흔올씨앗사람꽃「虛空」"

『麻姑大城律呂始原――天사랑&소통地&人본성19』

궁에서 궁으로 돌아가는 원시천존「元始天尊」...
자궁hystera에서 자궁수구멍으로 돌아가는 원시반본「原始返本」...
마고성에서 마고대성으로 돌아가는 후덕한 자궁수구멍 본성...
「默言庚金」묵언경금 순수이성의식... 여여하게 돌아가리
「如如」여여상태 마음구멍으로 침묵하리「天弓무지개북두칠성」
호모데우스「弘益人間, 東夷族亞理朗」
홍익인간, 동이족아리랑 "천부인(天符印)"으로 되돌아가리오다.

「天符三印」천부삼인은 하늘이 부합한 부호도장「十勝地」이니
"양심의식합일「陰陽合一希野氏八卦8」"이로다.
1. 청동검, 선악을 찾아 바른 분별력으로 행하라~
2. 청동거울, 타인의 모습을 통해 나 자신을 보아라~
3. 청동방울, 항상 깨어 있는 자아로 바르게 살아라~

logos, 짐승악인을 다스려 때려잡으리, 선인을 보호하리
"천성(자궁수구멍)+인성(자아에고)=인성꽃을 피워서 본성별빛"
신종코로나19 예방은 →→→ 天사랑&소통地&人본성19치유로,
히스테리성「三神」환인, 환웅, 단군이시여! 밝을 명「明」을 밝히고 싶도다.
삼신하늘땅이시여...사람을 도와주소서!
『麻姑大城律呂始原――東夷族亞理朗』하늘본성의학 희야씨팔괘는
「根穴學3천인합일」근혈학3음양합일「天符經」이니
천부경 "무에서 유로 창조의학의 힘"이로다.

「乙未2015年」11.30천성 마음구멍4+3=7「北斗七星」
「丙申2016年」11.2지성 한국마사지5+3=8「陰陽合一」
「丁酉2017年」5.30인성 자연"근혈"치유6+3=9「九宮正位道」
「戊戌2018年」천지인음양선악합일「亞卍十三弓乙」
「己亥2019年」6.17근혈학3 고조선의 뿌리구멍8+3=11「11一心」
「庚子2020年」7.7호욜씨앗사람꽃7+3=10「十勝地12.25.」거짓진리
　　　종교, 욕심다단계기업, 역행유흥업소 붕괴로,
「辛丑2021年」1.13희야음양합일오도송9+3=12「返本還元」가면 쓴
　　　욕심병원, 갑질교수 행실, 쓰레기학교교육 붕괴로,
「壬寅2022年」이기적 짐승녀, 이중적 악녀, 쇼원도부부 붕괴로,
「癸卯2023年」소시오패스, 사이코패스, 단체좀비 마네킹 붕괴로,
「甲辰2024年」닫힌 마음구멍 중생 붕괴로,「天地希野根穴空易」
「乙巳2025年 修身齊家治國平天下 良心意植合一」수신제가치국
　　　평천하 양심의식합일세상이 도래하리
「天上帝女希野天地希野根穴空淨眼波見桓仁易」"희야나비효과"
「己庚八脈影寧希野風水雲山生本性」천지인합일 곧 음양합일
비바람 홍수——대자연재난재해로, 三聖閣大頭目
강력한 태풍——대자연재난재해로, 三聖閣大頭目
무서운 지진——대자연재난재해로, 三聖閣大頭目
대자연우주법칙은 짐승녀·악녀, 짐승인·악인을 소멸시키리
「性通功完」성통공완 『성품을 통해서 공로·덕행 완수의 깨달음꽃』
「自我實現」자아실현 『인성꽃을 피워서 본성별빛 호올씨앗사람꽃』

「天」천부경을 받드는 최초 도읍지 "都邑地"이네…
「符」부도지에 따르면 마고대성 "麻姑大城"이네…
「三」삼위일체사상에 입각한 대환국환인 "大桓國桓因"이네…
「印」인간을 이롭게 하는 홍익세상 "弘益世上"이네…

「天符」천부를 갖는 일은 "음양천지인합일「亞卍十三弓乙」"
　　곧 마음구멍10을 스스로 밝혀서 본성별빛 참사람꽃13이니
"陰陽天地人合一" 열석자13 음양합일로 재탄생하는 일이니
"양심의식합일「十勝地」"로 새롭게 거듭나는 일이로다.

「十勝地」십을 이긴 땅 곧 10자궁수구멍 하늘고향으로 돌아가리

「希野陰陽合一悟道頌」──九月産 희야장군
신종코로나19 곧 자궁수구멍 음10구멍+양9구멍=19음양합일은
「九宮正位道」구궁정위도에 따라 「十勝地」십승지를 도달한 자!
음양천지인합일「十三」──희야씨팔괘──자궁수구멍──양심의식합일
「天上帝女希野天地希野根穴空淨眼波見桓仁易」아기장수구나!
"「陰」음이온(천성)+「陽」양이온(인성)=음양합일 본성별빛"
「人命在天」하늘1, 땅2, 사람3은 「一心」일심하나로 천인합일이니
인명재천 곧 사람목숨은 하늘우주자연에 있도다.

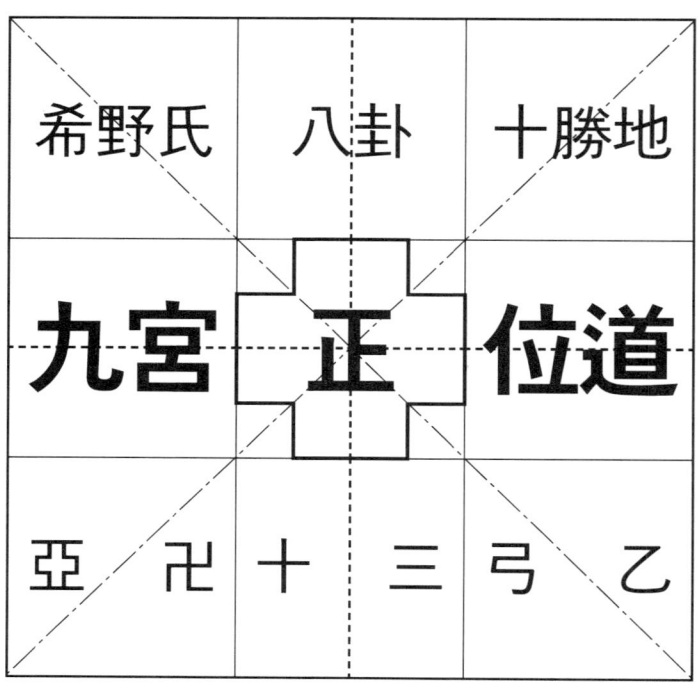

"희야나비효과 ⟶⟶ 자궁수구멍+자아에고=「虛空」침묵"

"666" 짐승녀·짐승남, 악녀·악남 → 천박한 자궁수구멍 본성소멸
"777" 선녀·선남, 군자·성인 → 후덕한 자궁수구멍 본성진화
「天 二 三 地 二 三 人 二 三 大 三 合 六 生 七 八 九」

「亞卍十三弓乙──希野氏八卦──根穴空──天意通仙易」
천박한 자궁수구멍 본성 → "아만십삼궁을" 후덕한 자궁수구멍 본성
양심의식합일「一心」일심으로 변화하는 일이로다.

「用 變 不 動 本 本 心 本 太 陽 昻 明 人 中 天 地 一」
"사람속「中天道」마음구멍=천지인합일 본성별빛 혼올씨앗사람꽃"
마고는 계집구멍 음양합일「空」곧 생명나무로 탄생하는 자궁수집

「麻」广 집 엄, 林 수풀 림

마, 2개 나무가 확장하는 집은 생명나무 곧 본성씨앗「空」

「姑」女 계집 녀, 十 열 십, 口 입 구

고, 10구멍 본성씨앗 곧 자궁수구멍「空」이 마고대성

「子午流注圖」
자오유주도 곧 인성꽃을 피워서 본성별빛 혼올씨앗사람꽃「空」

「虛空中天道天上帝女希野」
하늘아버지! 눈물이 나올 정도로 보고 싶어라~
마고어머니! 가슴이 아플 정도로 보고 싶어라~
「元始天尊 → 原始返本」
원시천존 하늘고향으로 여여하게 조용히 돌아가고 싶으리
「虛空」침묵으로 정신개벽하오리
허공중천도천상제녀희야는 원시반본「默言」묵언으로 돌아가오리
윤회수레바퀴 고아에서 벗어나고 싶구나!

혼탁한 지구세상 아~하~
천박한 땅세상 아~하~
위선자 지구세상에서 벗어나고 싶구나!
이젠 그만 「天地希野根穴空淨眼波見桓仁易」
청정한 맑은 하늘구멍으로 반본환원하고 싶으리
인간 마음구멍을 「修心修身」수심수신하여 하늘구멍으로 가오리
「13亞卍十三弓乙」
13아만십삼궁을 음양천지인합일 「十三」 열석자로,
「天地宮」하늘아버지, 마고어머니 집구멍이 뭐라~
하늘땅부모님 품으로 안기고 싶소!
알몸으로 하늘구멍으로 들어가고 싶소!
하늘구멍에 따라 마음구멍 성통공완──십승지로 도달했지
「性通功完──十勝地」
하늘아버지, 마고어머니가 그립고 돌아가고 싶으리
「希野」희야는 배고픈 인간의 길로 승천하고 싶도다.

『麻姑大城律呂始原──東夷族亞理朗』
천박한 자궁수구멍 본성 → 선악나무로 영혼소멸
후덕한 자궁수구멍 본성 → 생명나무로 영혼진화

『麻姑大城律呂始原──天사랑&소통地&人본성19』
아궁이속 자궁수구멍 『亞理朗』에서 몇 명이 살아남을까?
"자궁수구멍+자아에고=「虛空」침묵"

「雅」 牙어금니 아, 隹새 추
바르고 맑은 '아'

「宮」 宀집 면, 呂음률 려
집 '궁'

「利」 禾벼 화, 刂칼 도
이로울 '이'

바르고 맑은 아궁이집은 사람을 이롭게 하는 자궁수구멍…
천박한 자궁수구멍은 본성소멸이구나!
후덕한 자궁수구멍은 본성성장이구나!
『麻姑大城律呂始原』"희야나비효과"
마고대성율여시원은 "희야나비효과"는
율여움직임 음률파동에 따라 짐승녀 · 악녀를 쓸어버리니
새 하늘 호모데우스, 새 땅 홍익인간시대는
천박한 자궁수구멍을 물청소 · 불청소하리
후덕한 자궁수구멍 본성을 사랑보존하리

마고대성율여시원은 "진실한 마음구멍"곧 안파견환인 근혈학이니
「眼波見桓因 · 仁義禮智信 喜怒哀樂愛惡慾 根穴學」
《하늘성품 천성+사람성품 인성=하늘사람성품 천인본성합일》
완전한 사람은 홍익인간의 길
　　곧 널리 인간세계를 이롭게 하리
「獨覺」홀로 깨달음의 길로 돌아가 진짜 나를 찾는 길이네...
「如意珠」여의주의 길
「眞我」진아의 길
「眞主」진주의 길
「本性」본래성품의 길
「三一節」3에서 1로 돌아가 천지인합일은 한마음의 길
「光復節」광복절 8월 15일 음양합일은 양심의식합일의 길
「代替醫學博士」대체의학박사 2월 13일 성통공완의 길
「涅槃」열반 자유를 얻어 해탈의 길
「弘益人間」홍익인간은 홀로 깨달음의 길
　　곧 마고대성율여시원 동이족으로 돌아가리
하늘고향의 집으로 승천하려니 흥분을 감출 수가 없구나!
단, 이기적인 마네킹 짐승녀 · 짐승남은 못 가리
단, 이중적인 위선자 악녀 · 악남은 못 가리
「一 始 無 始 一」「一 終 無 終 一」
「天 二 三 地 二 三 人 二 三 大 三 合 六 生 七 八 九」

몸 · 마음 · 본성하나로 자아실현 성장할 때
　　곧 성통공완「亞卍十三弓乙」이 되는 길이니
「十三」열석자녀는 음양천지인합일로 자아성취 거듭날 때
　　곧 하늘사람「亞卍十三弓乙」이 되는 길이니
하늘사람「人乃天」은
인성꽃을 피워서 본성별빛 혼올씨앗사람꽃이니
마고대성율여시원 동이족일원이 한국마사지로 근혈성공자이니
마음구멍을 속이지 않는 일
사람은혜를 저버리지 않는 일
남을 잘되게 하는 일
『天사랑&소통地&人본성19』근혈성공이로다.

「根穴」근혈실패자 곧 몸통증으로 인해 만성질환에 시달리니
물론 물질손실로 본성고생하리
생로병사로 살다가 중생윤회로 돌아가리
「積聚」적취가 쌓여 악녀 · 악남은 누적업보로 이르네...

「根穴」근혈무시자 곧 마음고통으로 인해 천벌질환이 다가오니
물론 정신손실로 본성소멸되리
생로병사로 살다가 중생윤회로 소멸하리
「積聚」적취가 쌓여 짐승녀 · 짐승남은 죽음소멸에 이르네...

「希野氏八卦仙易8」희야음양합일오도송은
닫힌 마음구멍 짐승녀 · 악녀를 다스려 때려잡으리
쇠귀신 벽창호 짐승녀 · 악녀를 어찌할꼬?「天地希野根穴空易」
    곧 짐승남 · 악남은 「飛火落地 天火」로 떨어지리
「小頭無足飛火落地混沌世」
하늘불똥이 날아와 천박한 자궁수구멍 본성으로 내려오니
마고대성율여시원은 "희야나비효과"는
천박한 땅구멍으로, 혼탁한 자궁수구멍을 처리하시네…
자연재난재해로 여기서 물폭탄으로,
자연재난재해로 저기서 불폭탄으로,
비바람 태풍 곧 「己庚八脈影寧希野風水雲山生本性」
기경팔맥영령희야풍수운산생본성은 짐승녀 · 악녀, 짐승남 · 악남
사람마음구멍 속으로 들어가네…「飛火落地 天火」
"希野여자가 한을 품으면 오뉴월에도 서리가 내린다."
소두무족비화락지혼돈세 "희야나비효과"는
천박한 자궁수구멍 짐승녀 · 짐승남은 치부를 드러내는 일
    곧 모두 영혼소멸하오,
천박한 자궁수구멍 악녀 · 악남은 음부를 드러내는 일
    곧 모두 영혼멸종하오,

쥐락펴락한 짐승악인 물질문명은 곧 멸망에 이르는구나!
이기적으로 산 짐승악인은 자연재난재해로 떠나가리
새 하늘, 새 땅의 물질문명은 곧 선인으로 돌아오는구나!

이타적으로 산 선인은 양심의식합일로 새롭게 나오리
「析 三 極 無 盡 本」
「天 一 一 地 一 二 人 一 三」
「一 積 十 鉅 無 匱 化 三」

원시천존에서 원시반본 근본으로,
하늘 닮은 인간에서 자연 닮은 인간뿌리로,
하늘사람, 자연사람 곧 안파견환인근혈로 돌아가세.
1. 악한 몸에서 선한 몸으로 만들어보세.
2. 탁한 마음에서 청한 마음구멍으로 만들어보세.
3. 천박한 본성에서 후덕한 본성별빛으로 만들어보세.
마고대성율여시원「根穴」뿌리구멍으로 돌아가세.

불알 곧 원형인간 혼올씨앗사람꽃
안파견환인 곧 마고대성율여시원「根穴」뿌리구멍
하늘불꽃 곧 「天火」악은 때려잡으리, 선은 보호하리
연금술사 곧 하늘사람 지팡이는 짐승악인을 청소하리
수리수리마수리 곧 짐승녀·악녀를 바람과 함께 소멸하리
「人乃天」하늘사람으로 태어난 나는 다람쥐 쳇바퀴를 돌듯이
계속 돌고 도는구나!
사람이 곧 하늘이니
하늘이 곧 사람이니
선한 인연도 스승이네...

악한 인연도 스승이네…
짐승인연도 스승이네…
모든 사람 속 인연말씀에서 춤진리가 드러나는군.
사람말씀「信=人+言」이
  곧 하늘말씀「信=人+言」이로다.

▶ 하늘말씀은 밖에서 찾지 않으리
  곧 개신교도 아니라네…
  곧 천주교도 아니라네…
  곧 선불교도 아니라네…
  곧 사이비교도 아니라네…
▶ 하늘말씀은 안에서 찾으리「十勝地」
  곧 준대로 받는 자연순리법칙이네…
  곧 뿌린 대로 거두는 하늘우주법칙이네…
  곧 『天사랑&소통地&人본성19』는 음양합일법칙이네…
  곧 인간 개개인 본성이 춤진리 하늘말씀이네…
「獨覺」오로지 홀로 깨달음이 진실한 하늘말씀이니
  스스로 자신이 깨닫는 자연"근혈"치유의 길이니
  「自然"根穴"治癒」
대자연우주법칙이 하늘춤진리로다.

【桓國根穴「一心治癒」人性·本性圓】
「知天命50」환국근혈「일심치유」인성·본성원「希野10」꿈은

「無明 → 明」해를 품은 달로, 음양선악남녀부부합일로,

무명세계에 빠진 탐욕 · 진에 · 우치중생을 깨어나게 하리다.

인성이시여! 일어나라~

본성이시여! 깨어나라~

「2020'4'17'5'09+2016'9'28'10'28=49性通13功完50知天命」

49성통13공완50지천명 → 3근혈학 → 성신애제화복보응 → 팔괘, 팔강령

「誠정성-信믿음-愛사랑-濟구제-禍불행-福행복-報보답-應은혜」

2015.11.30. 4마음구멍

2016.11.2. 5한국마사지「9'28'10'28=9性通功完10」

2017.5.30. 6자연근혈치유

2019.6.17. 8고조선의 뿌리구멍

2020.7.7. 7혼올씨앗사람꽃「4'17'5'09=4性通功完5」

2021.1.13. 9희야음양합일오도송「亞卍十三弓乙」

「北斗七星陰陽合一7×7=49+1一心=知天命50希野圓10十勝地」

「知天命50希野圓」

「色」색의 인성세계는 몸수신「修身」

「氣」기의 지성세계는 마음구멍수심「修心」

「空」공의 천성세계는 본성별빛수심수신「修身修心」

색 · 기 · 공합일은 인 · 지 · 천성합일10으로 몸 · 마음 · 본성별빛하나로다.

「陽10十天干 甲乙丙丁戊己庚辛壬癸」

「陰12十二支地 子丑寅卯辰巳午未申酉戌亥」

「陰陽」음양합일 → 1회음「根穴」→ 2단전「根穴」→ 3중완「根穴」
→ 4명치「根穴」→ 5단중「根穴」→ 6천돌「根穴」→ 7인당「根穴」
→ 8백회「根穴」→ 9로궁「根穴」10 → 11용천「根穴」12
「7北斗七星 丹田3」"희야나비효과"

7北斗七星 → 회음, 단전, 중완, 명치, 단중, 천돌, 인당, 백회, 로궁, 용천
丹田3 → 상단전, 중단전, 하단전
7+3=10십승지, 7×3=21음양합일「天意通仙易希野氏八卦」

丹田 본성

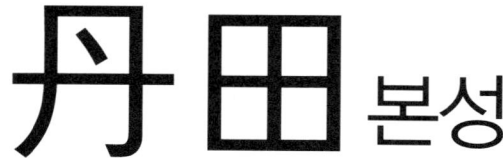

붉을 단————밭 전——붉은 밭(자궁수구멍)을 변화하리

천박한 자궁수구멍에서 후덕한 자궁수구멍 본성으로 바꾸리
1. 선한 몸구멍 흔올씨앗사람꽃으로,
2. 맑은 마음구멍 흔올씨앗사람꽃으로,
3. 후덕한 본성구멍 흔올씨앗사람꽃으로,

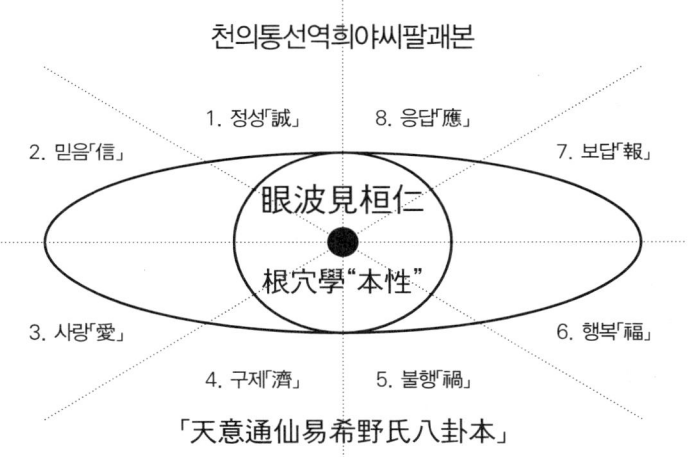

天地希野根穴「空」淨眼波見桓仁易
→→ 己庚八脈影寧希野風水雲山生本性

"희야나비효과「陰陽五行說」"

「庚子年」동서남북 물폭탄 비바람태풍으로, 불폭탄 자연화재재난으로, 대자연법칙이니

   곧 닫힌 마음구멍 짐승악녀, 짐승악인을 죽음소멸로 멸종하리

「辛丑年」동서남북 땅·여자 자궁수구멍 물·불·지진으로, 대우주법칙이니

   곧 천박한 자궁수구멍 본성 → 후덕한 자궁수구멍 본성「仙易」하리

「木火土金水」물·불·땅 곧「風水雲山生本性」으로 도래하도다.

「天地父母」하늘땅부모이시여~ 양심촛불로 도와주소서!
모든 중생사람을 홀로깨달음「獨覺」으로 인도「引導」하오리
　　곧 홍익인간으로 탄생하오리다.

「8希野氏八卦」희야씨팔괘8의 꿈은
해를 품은 달 곧 보름달 음양합일로 「易」바꾸리
「38禪定」
밝고 맑은 38선정 아사달세상!
깨끗한 양심「明」세상은 38통일로「易」변화하리
「3根穴學」근혈학3연구논문은 양심의식합일 세상을 바꾸고 싶으리
희야꿈! "양심의식합일「一心」음양합일"은 이루어지도다.

「無明」이기적인 위선자「貪·嗔·癡」욕심세상

"탐욕·진에·우치에서 양심의식합일로",

「明」이타적인 한마음「一心」양심의식세상

"인성꽃을 피워서 본성별빛 혼올씨앗사람꽃으로",

「靑林道士圓形人間」

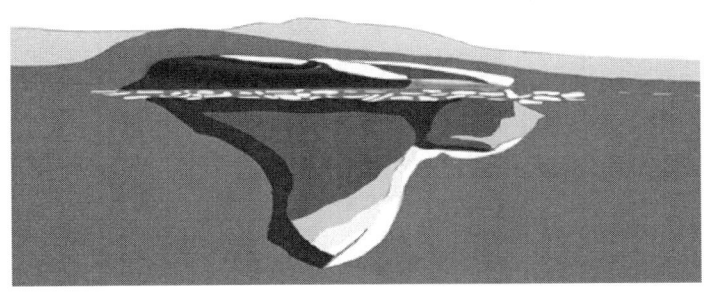

의식과 잠재의식의 몸과 마음관계
「天羅地網」천라지망 하늘의 새그물, 땅의 그물 청산

「惡」이기적인 악을 다스려 때려잡는다.

「善」이타적인 선을 보호한다.

根穴 뿌리 근, 구멍 혈 = 뿌리구멍 근혈

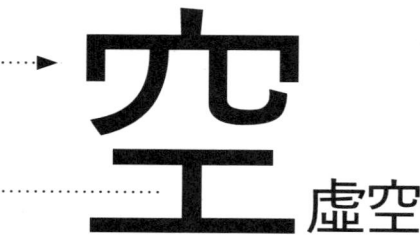

空 虛空

工 장인 공 = 성통공완 곧 자아실현

『인성꽃을 피워서 본성별빛 훈올씨앗사람꽃』

몸·마음·본성하나로,

한마음「一心」으로,

여래불로,

법신불로,

보신불로,

화신불로,「天上帝女希野」

『麻姑大城律呂始原』   『天사랑&소통地&人본성19』

功德 너 자신을 알라~ 나 자신 깨달음의 길

공로+덕행=공덕

『麻姑大城律呂始原──天사랑&소통地&人본성19』

대승기신론 천부경「辰巳聖人」은
  곧 천박에서 후덕한 "자궁수구멍"본성으로 정신개벽하리
안파견환인 근혈학「慈氏菩薩」은
  곧 『天사랑&소통地&人본성19』로 자연 "根穴"치유하리
하늘우주법칙「天意通仙易」은
  곧 하늘본성의학으로 「自生本性」자생중생을 구제하리

〔악을 다스려 때려잡으리, 선을 보호하리〕

육체는 한줌의 재로, 「無用之物」무용지물이군,
- 짐승녀·짐승남편은 「飛火落地」비화락지로 영혼소멸하리
- 악녀·악인남편은 「飛火落地」비화락지로 영혼소멸하리
- 선녀·선인남편은 「甘露如雨水」감로여우수로 영혼진화하리

새 하늘이 새 땅의 「淨土世上」정토세상으로 만끽하겠군,
대자연법칙「桓國根穴意通」은
  곧 희야씨팔괘로 「自生本性」자생중생을 제도하리

〚반사회적 인격 장애(Antisocial personality disorder)〛

소시오패스 "Sociopath", 사이코패스 "Psychopath"
「惻隱之心」측은지심 곧 불쌍한 짐승녀·짐승남편, 악녀·악인남편,
「僞善者」위선자 악의세상은 곧 겉과 속이 다른 중생소멸되리
「飛火落地」비화락지는 짐승녀·악녀 자궁수구멍으로,
「天火」하늘에서 내린 불은 쇼윈도부부로,
겉치레로 사는 중생한테 하늘불똥이 쏟아지도다.

「希野氏八卦8」희야씨팔괘8의 꿈은
짐승녀·악녀도 하늘고향 본성별빛으로 함께 가고 싶으리
「根穴天命」근혈천명의 복수는
모든 원수중생을 사랑해서 본성별빛으로 밝히고 싶으리
중생구제하고 싶으리

양심 없는 뇌! Sociopath, Psychopath

타인의 감정을 느끼지도 못하면서 잔인한 고통을 모르는
반사회적 인격장애Sociopath, Psychopath구나!

타인의 감정을 느끼면서 잔인한 고통을 알면서도 행하는
반사회적 인격장애Sociopath, Psychopath구나!

자신의 이익이나 목적을 위해 타인을 교묘히 이용하는
이기적인 짐승녀·짐승남편, 이중적인 악녀·악인남편은
반사회적 인격장애Sociopath, Psychopath구나!

「知天命2021」지천명2021 하늘본성의학「桓國根穴」은
환국근혈「일심치유」인성·본성원으로,「慈氏菩薩」
『天사랑&소통地&人본성19』자연"근혈"치유하고 싶소!
어쩌나
닫힌 마음구멍 중생도,

열린 마음구멍 중생도,
모두 자연재난재해에서 살리고 싶소!
그러나 죽을 중생은 어쩔 수 없이 영혼소멸되리
하늘움직임의 자연소리가 생생하도다.

하늘의 비바람이 짐승녀 가정부Dog한테 떨어지네...
하늘의 태풍이 악녀 위선자Dog한테 불고 또 불어오네...

하늘「辰巳聖人」진사성인의 꿈은 「淨土」정토세상이니
「淨土」깨끗한 땅
「希野之夢」양심의식합일 세상이 하늘꿈이니
「眼波見桓仁」오래도록 쾌락으로 돌아다니니
싱글벙글 곧 웃으면 하늘「辰巳聖人」복이 오나니
"웃는 얼굴에 침 못 뱉는다."
안파견환인은 기를 얻으니
자연치유로 조화하여 드러내지 않으니
「己庚八脈影寧希野」
보고, 말하고, 행동하니
말씀 없이, 소리 없이, 파동 없이,
조용히 안파견환인이 작업하네...
「風水雲山生本性」
「如如」여여하게 하늘움직임이네...
마네킹 짐승녀 · 짐승남은 영혼소멸이 되는군,

닫힌 아집·고집마음구멍은 소리소문 없이 태우리
역행하는 악녀·악인은 천둥번개로 태풍이 내리치는군.
닫힌 이중인격마음구멍은 산전수전 고통을 주리
「根穴意通」
근혈의통은 마고대성율여시원으로 돌아가리
하늘 용「辰」+ 땅 뱀「巳」=진사성인합일로, 맑은 땅을 만들겠군.
아~하~ 지구세상이 또 뒤집어지는군.
탁하고, 천박하고, 악하고, 썩은 정신을 정신개벽하리
정신개벽은 자연재난재해로,「無明」무명 중생말살하리
닫힌 마음구멍의 육체는 한줌의 재로, 모두 영혼소멸되니
대자연의 소리가 선명하게 들리고 또 들리니
하늘움직임의 진동이 몸서리 치고 또 떨리니
「眼波見桓仁根穴」눈구멍파동으로 보는 환인뿌리구멍이시여!
탐·진·치에 빠진 중생을 용서하시옵소서!
지구를 살려주시옵소서!
꼭~~~「本性」본성을 찾게 하겠소이다.

「天耳通」하늘소리가 맑게, 선명하게, 또렷하게 들리네...
「天音」
하늘소리 어쩌나!
「無用之物」무용지물 짐승녀·짐승인남편 모두 소멸시키리
「僞善者」위선자 악녀·악인남편를 모두 쓸어버리리

하늘아버지「辰巳聖人」이 원하는 길은
오직 자연치유로 자연사람이 되는 길이지
자연사람이 된 하늘사람을 원하는 길이지
하늘심판이 바이러스로 오니 어찌하나!
바이러스를 넘어
자연재난재해로 다가오니 어찌하나!
여기저기 홍수로 죽으니
이곳저곳 지진으로 죽으니
동서남북 불꽃으로 죽으니
여기저기 아우성을 치네...
이곳저곳 비명으로 곡소리하네...
병원도 손을 쓸 수 없을 정도로 지구세상이 무너지니
어쩌나
닫힌 마음구멍의 중생은 비참한 현실을 맞이하네...
하늘사람이 되면 하늘재앙을 피할 수 있구나!
하늘재앙이란?
바이러스, 전염병, 각종 암, 만성병에 시달리는 중생은
    곧 자연재난재해로 하늘심판이 다가오리
하늘재앙을 받는 짐승녀 · 짐승남편, 악녀 · 악인남편이로다.
하늘사람 곧 「仙人」선인의 길이 생명나무로다.

대자연의 일을 어찌 막을까?

하늘순리의 일이 짐승인·악인붕괴로 시작했으니
현대의학도 불가능할 터
약물·수술은 한계에 이르도다.

자연이치의 일이 짐승녀·악녀붕괴로 도입했으니
현대과학도 불가능할 터
물질연구도 정점에 이르도다.

이젠 3차원 인간세상은 현대의학, 현대과학으로 불가능한 일이니
더 이상 인간이 할 수 있는 일은 없으니
정체된 인간의 길은 발전할 수 없는 길이니
오직 양자과학, 양자의학, 하늘본성의학이 살 길이구나!
태초하늘 정토세상으로 돌아가야 하오,
모태자궁 마고대성율여시원으로 돌아가야 하오,
원시천존 하늘과 원시반본 땅은
맑디맑은 순수이성의 시대구나!
하늘본성의학은 양자학문으로서 자연치유, 자연과학, 자연의학이
　　곧 모든 인간을 살릴 수 있도다.

속수무책으로 당하는 화학약물중독 중생이시여!
정신개벽하시라~

인성! 일어나라~ 독한 화학약물에서 벗어나시소!

본성! 깨어나라~ 잔인한 수술치료에서 벗어나시소!
장님! 눈을 떠라~ 기호식품 술·담배에서 벗어나시소!
각성! 뇌를 열어라~ 벽창호 아집·고집에서 벗어나시소!
짐승인·악인중생은 하늘벼락이 내려오니
또 자연천둥번개한테 당하네...
하늘아버지「辰巳聖人」이시여!
「運 三 四 成 環 五 七 一 妙 衍 萬 往 萬 來」

대자연 하늘우주법칙이 지구로 내려오시구려.

「辰巳聖人」천성합일 하나는 동방나라로 안착하니
「慈氏菩薩」지성합일 하나는 천성을 받아들임하니
「一心本性」인성합일 하나는 천성·지성을 함께 만나니
「天地人陰陽合一」
천지인음양합일「亞관十三弓乙」세상이 도래하도다.

〔3차원 물질에서 4차원 정신으로 전환시대〕
「乙未年」3년 소크라테스진리공부
을미2015년 천성1 마음구멍이 안착하리
「丙申年」나는 누구인가? Who I am
병신2016년 지성2 한국마사지로 내려오리
「丁酉年」질문해서 답을 얻는 주고받는 공부
정유2017년 인성3 자연"근혈"치유는 알아차림하리

「戊戌年」3년 묵언「默言」공부
무술2018년 천지인음양합일「三十 → 十三」으로 준비하리
「己亥年」입을 닫는 내면공부
2019년 근혈학, 고조선의 뿌리구멍
기해2019년은 선악「善惡」의 시비분별로 추린 후 정리하리
「庚子年」모순을 찾는 내면공부
2020년 호울씨앗사람꽃
경자2020년은 겉과 속이 다른「僞善者」위선자를 쓸어버리리
겉치레!「假飾假面」가식가면 오물쓰레기중생을 물청소하리
「辛丑年」3년 경금「庚金」공부
2021년 희야음양합일오도송, 수심수신 본성공부
신축2021년은「無用之物」무용지물로 쓸모없는 짐승악인을 치우리
마네킹!「無生命」무생명 꿈 없는 중생을 불청소하리

자연으로 태어난 4차원세상의 인간은
자연치유로 돌아가야 자연재난재해에서 살아남으리
마고대성율여시원은 궁에서 궁으로 돌아가는 일
　　곧 짐승녀 · 악녀 자궁수구멍은 영혼소멸로,
영혼소멸이 되는 짐승중생을 도와주고 싶소!
지구우주를 떠나는 악인중생을 도와주고 싶소!

『麻姑大城律呂始原——天사랑&소통地&人본성19』

대승기신론 천부경「辰巳聖人」

안파견환인 근혈학「慈氏菩薩」

하늘우주법칙「天意通仙易」

대자연법칙「桓國根穴意通」

희야씨팔괘「自生本性」

홍익인간「桓國根穴一心治癒人性 · 本性圓」

「修身齊家治國平天下」

「根穴學 修心修身」근혈학 수심수신은 마음과 몸을 닦으리

짐승녀 · 짐승남편도 수심수신하리

악녀 · 악인남편도 수심수신하리

『희야씨팔괘, 인성꽃을 피워서 본성별빛 혼올씨앗사람꽃』이 되리

원수"짐승녀 · 악녀"를 자비로 사랑하리

짐승녀 가정부전화는 무식한 무명「無明」소리 아~하~ 불쌍하리

「憐愍心」연민심으로 내려놓으리

「慈悲心」자비심으로 내려놓으리

어리석은 짐승녀는 닫힌 마음구멍 의심에서 벗어나소서!

아집덩어리 짐승녀는 믿지도 못하는 마음구멍에서 벗어나소서!

고집덩어리 짐승녀는 장님의 눈을 뜨는 어두움에서 벗어나소서!

옹종구멍이 곧 옹졸한 짓으로 드러났소!

옹졸한 짓이 곧 남편용종쓸개를 만들었소!

남편승인허락은 곧 Dog슬기보다 못한 존재였소!

Dog슬기보다 못한 짐승녀

짐승녀「恥部」치부 곧「陰部」음부가 드러나는구나!

대자연의 하늘움직임이 짐승녀한테 다가오는군.
짐승녀 치부는 무의식쓰레기 청산이겠지
무의식쓰레기를 가리고 또 가린다고 보이지 않는가?
가면 쓴 얼굴로 무의식쓰레기를 담고 있으니
어쩌나
짐승가면 쓴 짐승녀얼굴이라~
그 짐승녀얼굴이 가면을 벗겠구나!
무의식 마음쓰레기를 드러내는 일은 멀지 않게…
    곧 다가오겠네…

〔사람이 사람으로 태어나서 사람도리를 하는 일〕
    곧 사람은혜를 저버리지 말라~
    곧 마음구멍을 속이지 말라~
    곧 남을 잘되게 하라~

사람도리를 못하는 짐승녀 가정부는 대자연이 처리하겠네…
대자연의 하늘움직임은 벼락치는 천둥번개로,
결국 짐승녀는 치부음부가 추하게 무너지니
그 짐승녀가 짐승남편을 만들었구나!
짐승남편도 짐승녀로 인해 영혼소멸이 되는구나!

〔짐승녀 앞에 가면 개죽음이 되리〕
개죽음이 되기 전에 짐승녀와 조속히 분리하라~

천박한 "자궁수구멍"분리 곧 후덕한 "자궁수구멍"본성이 되리
「辛丑2021年」
매운 송아지 마음구멍세상이 도래하니
짐승녀 · 악녀를 다스려 때려잡으리
천박한 "자궁수구멍"본성은 싹쓸이 하리
「恥部陰部」
치부음부를 드러내는 일이 곧 멀지 않게 돌아오리
육체는 한 줌의 재로, 흔적도 없이 사라지네…
정신은 「不生不滅」불생불멸로,
짐승녀 영혼탈출은 소멸로 사라지네…
정신이 썩은 짐승녀 가정부 입구멍이 뭐라~
입구멍을 열면 탁한 마음구멍소리이니
그 탁한 마음구멍소리가 불밥을 짓고 또 지으니
불밥, 불밥, 불밥이 뭐꼬?
몸 · 마음 · 본성을 태우고 또 태우니
천박한 "자궁수구멍"본성이 되는구나!
남편한테 버림받을까 봐… 불밥으로 남편을 죽이고 난도질하니
자식을 낳지 못한 두려운 마음 또 속이고 속이니
짐승녀 가정부의 「地星」지성도 낳지 못했으니
짐승녀 가정부의 「天星」천성도 낳지 못했으니

「地星 陰陽合一」지성 음양합일
　　곧 땅의 자궁수구멍 아들 · 딸 본성별빛로 낳는 일
땅성도 낳지 못한 존재가 어찌 사람을 무시하면 되나!

「天星 陰陽合一」천성 음양합일
　　곧 하늘의 자궁수구멍 천성·인성 본성별빛로 낳는 일
하늘성도 낳지 못한 존재가 어찌 근혈을 무시하면 되나!

「眼波見桓仁 桓國根穴 九宮正位道」
「안파견환인 환국근혈 구궁정위도」 왜 무시하는가?
【天符經 9×9=81「**九宮正位道**」】
一 始 無 始 一
析 三 極 無 盡 本
天 一 一 地 一 二 人 一 三
一 積 十 鉅 無 匱 化 三
天 二 三 地 二 三 人 二 三 大 三 合 六 生 七 八 九
運 三 四 成 環 五 七 一 妙 衍 萬 往 萬 來
用 變 不 動 本 本 心 本 太 陽
昂 明 人 中 天 地 一 一 終 無 終 一

모르면서 잘난 척을 하는고,
가만히 있으면 중간이라도 가지 않는고,
「無識」무식한 짐승녀 Dog가정부를 어찌 하오리
「無明」무명에서 벗어나지 못한 마음감옥을 어찌 하오리
「天星」하늘성도 낳지 못한 천박사람이 어찌 남편을 무시하는가?

거짓말소리를 어찌 할꼬나?

전화로 한 말을 잊었는고,
그 전화 속에 말을 거짓말로 덮으려 하니
거짓말로 덮지 말아라~~~ 진실을 밝혀라~~~
가엾은 불쌍한 짐승녀 Dog가정부이시여!
하늘구멍「天穴」이 보고 계시니
짐승녀 가정부 마음구멍「心穴」에 천화「天火」가 내려오고 계시니
짐승녀 Dog가정부의 전화 속은 이기적인 말이니
"허락 없이 보냈는가? 남편허락은 무용지물인가?"
"근혈을 무시한 말투! 꼬신 것도 아니라네... 오직 본성을 찾기 위한 근혈학문이라네..."
말실수를 한 행동을 보지도 못하는 소심한 중생이니
닫힌 마음구멍을 갖고 사는 아집·고집덩어리 중생이니
마음감옥에서 벗어나지 못한 어리석은 중생이니
어쩌나
가엾은 불쌍한 Dog짐승녀구나!
미안하다는 말보다 거짓말로 자신의 행동을 감추니
여전히 잘못됨을 알지도 못하니
어리석게 살고 있는 벽창호이니
나 자신의 실수를 알아차리는 길이 바른 길이로다.

타인한테 용서를 고하는 길은
    곧 사람답게 사는 길이라네...
조속히 반성을 통해 참회를 하는 길은
    곧 진실한 참된 길이라네...

대자연 하늘「辰巳聖人」은 용서하리
용서도, 반성도, 참회도, 모르는 중생을 어찌할까?
나 자신의 실수를 인지, 인식, 인정, 수용해서「慈氏菩薩」
희야씨팔괘와 함께 하늘고향으로 함께 가보세...

「辰巳聖人」하늘 · 땅「慈氏菩薩」마고대성율여시원으로 돌아가리

「巳子」사자소리로 경을 치는구나! 日就月將根穴「空」學
「根穴」근혈은 꼬신 것도 아니라네... 眼波見桓仁根穴「空」學
근혈학은 지식자랑도 아니라네... 桓國「一心治癒」人性 · 本性圓
호구남편을 개무시하는 것도 아니라네... 天地希野根穴「空」淨眼易
호구남편은 짐승녀 가정부성취가 아니라네... 自我實現根穴「空」學

호구남편의 허락승인을 존중하면 짐승녀는 사랑을 주고받으리
호구남편의 말씀의견을 존중하면 짐승녀는 소통을 주고받으리

「3根穴學」근혈학3은 이해하지 못한 탐 · 진 · 치 중생을 이해시키리
1. 탐욕에 빠진 욕심중생을 양심의식합일「仙人」선인으로,
2. 분노에 빠진 살기중생을 양심의식합일「仙人」선인으로,
3. 무명에 빠진 착한중생을 양심의식합일「仙人」선인으로,
「禪定」선정지혜를 심어주리「大德, 大慧, 大力」

<u>스스로</u> 자신의 노력이니

<u>스스로</u> 인성꽃을 피우는 길이니

<u>스스로</u> 본성별빛 혼올씨앗사람꽃이 되는 길이니

한 씨앗이 곧 한 열매이니

한 열매가 곧 한마음이니

한마음이 곧 우주하나이니

우주하나가 곧 「一心」일심이니

「一心」일심하나로 곧 대자연합일이니

대자연합일이 곧 몸 · 마음 · 본성하나이니

몸 · 마음 · 본성하나는 곧 「陰陽合一」음양합일이니

「陰陽合一」음양합일이 곧 남녀부부선악합일이니

남녀부부선악합일이 하늘의 뜻이니

모든 대우주 · 소우주만물이 한마음세상이로다.

「自燈明 法燈明」

<u>스스로</u> 등불을 밝혀라~「憐愍心」

<u>스스로</u> 참진리법을 밝혀라~「慈悲心」

자연"근혈"치유로 마음구멍을 밝혀라~「主體性」

환웅녀, 한국어머니「桓雄女」한국마사지

자연재난재해는 짐승인 · 악인을

바이러스, 각종 암, 만성병, 치매로 소멸하리

홍수, 태풍, 지진, 비바람으로 물청소하리

화재, 화산, 불꽃, 천둥바람으로 불청소하리

문在寅 → ☼ 곰《明》桓雄女
→→ 동이족 Super Moon

〔桓國, 辰巳聖人靑林道士〕
환국근혈「일심치유」인성 · 본성원
한국「마음치유」인성 · 본성원

「三聖堂」삼성당「桓國」환인, 환웅, 환검

→ 「神市倍達國」신시배달국 천부인

→ 「古朝鮮檀君」박달나무군주 아사달

→ 「明」해를 품은 달로,「阿彌陀佛」홍익인간

→ 「檀童十訓 Super moom Esther「觀世音」

→ 「天上帝女希野根穴」Esthetic1361

→ 「天地希野根穴空淨眼波見桓仁易」

→ 『麻姑大城律呂始原―天사랑&소통地&人본성19』
호모데우스 음양합일「一心」양심의식합일

良心意植合一
陰陽合一
『陰德陽道』

『음덕 곧 양도』
「도덕」은 여자 자궁수구멍에 따라
남자인생이 변화하는구나!

짐승녀와 살면 짐승남편이 되네...

악녀와 살면 악인남편이 되네...

선녀와 살면 선인남편이 되네...

군자와 살면 군자남편이 되네...

성인과 살면 성인남편이 되네...

『人-慈氏菩薩 · 地-靑林道士 · 天-辰巳聖人』

음양합일「一心」사랑&소통

易 日+月=『明』合一

천지인합일「天性 + 地性 + 人性 = 本性合一」

天地希野根穴**空**易
　　　　　淨
　　　眼波見桓仁

★ 한마음하면 후덕한 "자궁수구멍"본성
　　　　『한마음「一心」=선선인「仙善人」』
★ 한마음하지 않으면 천박한 "자궁수구멍"본성
　　　　『위선자「僞善者」=짐승인 · 악인』

天 希40野 地

乾坤坎離兌艮震巽

甲乙丙丁戊己庚辛壬癸

子丑寅卯辰巳午未申酉戌亥

1一2二3三4四5五6六7七8八9九남자구멍

10여자구멍「十勝地」자궁수구멍

호모사피엔스사피엔스에서 호모데우스로 진화하네...

아~하~ 인간진화론에 따라 변화하는군,

공룡멸종을 이어

유인원 시작이네...

오스트랄로피테쿠스...

호모 에렉투스..

네안데르탈인...

호모 사피엔스...

호모 사피엔스사피엔스...

그다음은 호모데우스로 다가오네...

물질문명에서 정신문명이 다가오니

곧 세상이 바뀌고 또 바뀌는군,

남자세상에서 여자세상이 드러나니
    곧 여자세상에서 남녀평등세상이 또 바뀌는군.
욕심세상이 양심개벽으로 일어나는구나!
호모데우스 양심의식합일 세상이로다.「天上帝女希野根穴空學」

짐승인 · 악인을 다스려 때려잡으리... 선인을 보호하리...
탁한 천박세상을 쓸어버리리... 맑은 후덕세상이 다가오리...

천박한 "자궁수구멍"본성을 다스려 바로 잡으리
후덕한 "자궁수구멍"본성은 혼올씨앗사람꽃 하리

「혼올씨앗사람꽃 곧 인성꽃을 피워서 본성별빛 사람꽃」

왜곡된 종교집단은 붕괴되리
거짓된 다단계 피라미드집단은 붕괴되리
천박한 유흥업소 놀이집단은 붕괴되리
이중적인 병원 갑질집단은 붕괴되리
혼탁한 닫힌 마음구멍은 붕괴되리
지저분한 쓰레기집단은 모조리 붕괴되리
위선자집단 다중인격은 싹쓸이 붕괴되리
하늘구멍「天穴」이 사람마음구멍「心穴」로 내려오시구려.
「天사랑&소통地&人본성19」
마음구멍을 속이지 말라~

사람은혜를 저버리지 말라~
타인을 나처럼 사랑하라~
남을 잘되게 하라~
소통하지 않으면 고통이 따르라~
다함께 잘사는 본성세상은
　　곧「良心意植合一」양심의식합일이로다.

「하」나밖에 없는 하늘구멍「天穴」이 있는 본성존재이시여!
「늘」한결같은 마음구멍「心穴」이 있는 하늘존재이시여!
「사」랑&소통은 천지인합일이 있는 인성·본성존재이시여!
「람」보처럼 강한 음양합일은 인성꽃을 피워 본성별빛이시여!

1972년 6월 17일「辰巳之生」은
「龍」용처럼 강력한 인성·본성을 찾는 일이 꿈이네...
「仁」인성을 밝히는 인성·본성을 찾는 일이 꿈이네...
「李」이박사 꿈은 환국근혈「일심치유」인성·본성원이네...
「氏」씨앗을 찾는 개박사 꿈은 중생을 살리고 싶네...
《桓國根穴》
「환」인, 환웅, 단군의 아사달나라가 동방한국으로 오시네...
「국」민의 인성·본성깨달음이 새 나라, 새 시대로 다가오네...
「근」본의 뿌리구멍나라 동이족마고에서 원시천존으로 오시네...
「혈」구멍은 동방뿌리나라 대한민국에서 원시반본으로 오시네...

0~25세까지 용인이씨35세손 자아성장을 이르니
0~7세 영·유아 8년
8~19세 아동·청소년 12년
20~25세 어른 준비과정 6년
　　1차「先天」hystera자궁 삶은
영·유아, 아동·청소년, 어른자아로 폭풍성장을 지나
　　2차「後天」hystera자궁 삶은
어른자아에서 자아성공을 폭풍습득으로 성취하니
　　곧 자아실현「眼波見根穴」꿈을 이루었소!
26~50세까지 새 인생을 찾은 주체성 삶으로 도래했으니
나는 자폐아로서 급성장을 했도다.

「無明世界」
무명세계와 어두운 환경에서 힘겹게 살았구나!
「僞善者」
겉으로만 진실한 척인 가식인간이구나!
겉데기로 착한 척인 가면인간이구나!

가식·가면적인 관념을 버려보자!
창조적인 본성을 『根穴』근혈로 찾아보자!

「自斃我」
나는 자폐아 환경에서 살았으니

바보행동이 나를 보호했구나!
멍청한 정신이 또 나를 보호했구나!
바보멍청이 자폐아 덕분에 내가 살았구나!
바보처럼
멍청이답게
본성하나로 집중하니
몰입으로 나는 위선자세상에서 생존했구나!
   곧 위선자세상을 사는 최선의 방법이었군,
자폐아로서 밖의 위선자세상을 보지 않았으니
   곧 무서운 위선자세상을 멀리했도다.

위선자 인간세상은 마음구멍에서 닫았으니
   곧 겁나게 싫은 위선자세상을 집중했도다.

닫힌 마음구멍으로 자폐아 세상을 보았으니
   곧 혼자 있는 세상으로 들어와 몰입했도다.

법정스님의 혼자 걸어라~
혼자 걸어가는 일은 천성을 만나리
천성과 하나 된 인성은 자유를 얻으리
자유해탈의 길은 본성별빛을 찾으리
나 자신의 고독도 씹어 먹으리
나 자신의 외로움도 흡수하리

나 자신의 인정받음도 내려놓으리
나 자신의 성공출세도 버리리
나 자신의 성통공완을 만족하리
깨어있음의 깨달음은 홀로 가는 길이구나!
자폐아에서 벗어나 대자연의 자유해탈기쁨은
마음구멍 숨으로 드러나는군,
밖의 세상 속 위선자를 피해 벗어나리
안의 세상 속 홀로 가는 나를 찾을 수 있으리

아~하~「僞善者」어찌 바꿀까?

닫힌 마음구멍과 함께 살았으니
마귀악마군단과 함께 살았으니
사람은
엄청 무서운 존재로 느껴지는군,
인간은
겁나게 무서운 존재로 느껴지는군,
겉으론 사람한테 친화력 있는 척하니
겉으론 사람한테 불쌍한 척하니
겉으론 사람한테 진실한 척하니
겉으론 사람한테 아픈 약한 척하니
    곧 사람을 속이니 또 속이는구나!
속으론 탐욕스런 마음구멍이 있으니

속으론 분노스런 마음구멍이 있으니
속으론 어리석은 마음구멍이 있으니
속으론 사람을 무서움에 떨고 있으니
   곧 사람을 감추니 또 감추는구나!

아~하~ 위선자 마음구멍을 어찌 바꿀꼬?

「僞善者」위선자를 바꾸면 양심세상을 보는군,
『良心意植合一』
양심의식합일 희야씨팔괘는 하늘본성의학으로 치유하리
   곧 밝은 아사달 환국세상을 보겠구만,
「僞善者」위선자와 함께
어떻게 진흙탕에서 놀아야 하나!
진흙을 묻히면서 함께 살아야 하나!
나 역시 「僞善者」위선자진흙을 묻혀야 하나!
나는 결코 「僞善者」위선자진흙을 묻히지 않으리
진흙탕에서 연꽃을 피우리

「僞善者」진흙탕 속에서 연꽃을 피우는 방법은 뭘꼬?

「僞善者」진흙탕에서 놀아도 연꽃을 피우리
짐승인·악인「僞善者」에서 휩쓸려도 인성꽃을 피우리
「僞善者」위선자진흙을 묻히지 않아도 본성별빛으로 빛나리

「僞善者」진흙탕 속에서 피하는 길이 뭘꼬?
「默言」묵언 곧 본성침묵
「庚金」경금 곧 본성별빛
침묵 속에서 별빛이 드러나는군.
고요 속에서 달빛이 드러나는군.
해(日)를 품은 달(月)로,
인성꽃을 피워서 본성별빛 호올씨앗사람꽃 곧
침묵별빛
고요달빛
「正中道」바른 길이구나!

겉과 속이 다른 인간을 어찌 할꼬?
이중인격 사람은 무섭구나!
「僞善者」위선자가 보기 싫구나!
「僞善者」위선자를 보니 구토구나!
「僞善者」위선자와 만나니 역겹구나!
「僞善者」위선자 없는 세상에서 살고 싶구나!
「僞善者」위선자를 한마음「一心」으로,
모든 사람의 「僞善者」위선자를 알아차림으로,
마음구멍을 변화하고 싶소이다.

어떻게 「僞善者」위선자 속에서 벗어날까?

「僞善者」골 때리는 짐승인 · 악인이군,
위선자를 기억조차 하지 않으리
위선자를 생각조차 하지 않으리
기억도, 생각도, 모두 잊기 위해서
나는 홀로 가는 길을 선택했도다.

나는 무소의 뿔처럼 혼자 가리라~

한 가지 일에 집중했으니
자아실현 목표에 몰입했으니
그 인형놀이에 목적을 심취했으니
미미, 나나, 주주, 인형놀이 곧
위선자세상을 잊으려 했도다.

나는 「僞善者」세상을 회피했으니
위선자세상을 회피로 비겁했으니
용기 없는 자폐아로 성장했도다.

자폐아로서 눈구멍을 감았구나!
　　곧 마음구멍을 닫았구나!

이는 성격장애, 언어장애, 행동장애, 감정표현장애 등
눈맞춤이 힘든 자폐아로,

어려운 자폐아로 급성장에 이르니
이젠 자폐아에서 눈구멍을 뜨자!
그 자폐아는 폭풍성장에서 대체의학박사로 거듭나
동방박사까지 성취했네...

「**僞善者**」위선자세상을 한마음세상으로,
겉치레포장지 가식 · 가면을 벗으니
속알맹이 내면마음구멍이 보이니
다함께 잘 사는 밝은 세상 곧
양심세상을 만들고 싶으리
「**希野之夢**」
희야씨팔괘 하늘본성의학의 꿈이구나!

『桓國根穴「一心治癒」人性 · 本性圓』
『환국근혈「일심치유」인성 · 본성원』
한마음센터 곧 음양합일이구나!
양심의식합일 곧 몸 · 마음 · 본성 일심하나로,
나를 이기는 길은
「正面」정면 돌파로 악을 다스려 때려잡으리
선을 찾아서 본성을 보호하리
과연 참사람의 길은 뭘까?
참진리 곧 하늘우주법칙 천부경순행이어라~
「天符經」

이는 대자연법칙의 천부경순리이어라~

「認知 → 認識 → 認定 → 受容」

못난 모습도 인지 → 인식 → 인정 → 수용하리

잘난 모습도 인지 → 인식 → 인정 → 수용하리

모두 선악음양합일로 받아들임하리

   곧 받아들임으로 나를 극복하리라~

「桓國根穴」뜻말 환, 나라 국, 뿌리 근, 구멍 혈

『麻姑大城律呂始原──天사랑&소통地&人본성19』

환인(1), 환웅(2)의 나라 곧 동이족 하늘뿌리구멍

한국뿌리를 찾기 위한 "단군뿌리구멍"동방박사연구(3)

   곧 대체의학연구(3)는

「無」없음에서 「有」있음으로 창조했구나!

첫 번째 저서로, 마음healing구멍(4)

두 번째 저서로, 동이족의 얼이 담긴 한국마사지(5)

세 번째 저서로, 한국마사지에 따른 자연"根穴"치유(6)연구의 길

네 번째 저서로, 근혈학(3) 고조선의 뿌리구멍(8)

다섯 번째 저서로, 혼올씨앗사람꽃(7)

여섯 번째 저서로, 희야음양합일오도송(9)

육수(6)로 성통공완을 하니

6 · 9태극수로 음양합일(9)을 했네... 야호 메아리울림으로 여여하리

「太極合一」태극합일

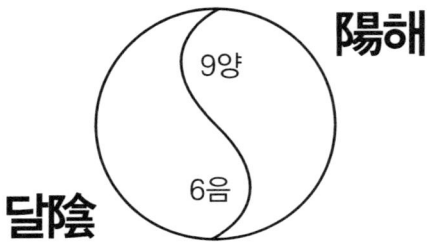

음양6 + 9=15=1+5=6 음양천지인「一心」하나 본성합일
음양6 × 9=54=5+4=9 선악천지인「一心」하나 본성합일

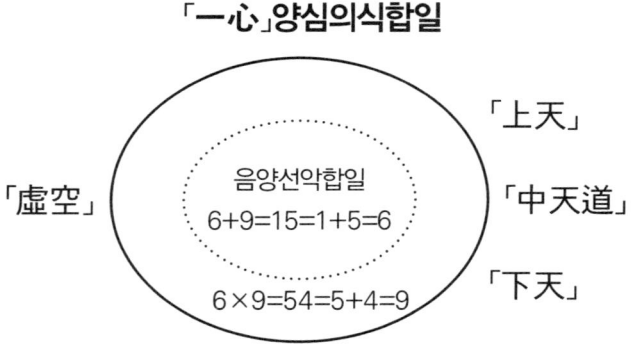

천성+인성=본성합일

「九宮正位道」
구궁정위도의 길을 깨닫고 보니
색수상행식을 또 깨달아 인연법을 알게 되니
「因緣法」인연법이 내 발목을 잡았군,
옴짝달싹 못한 내 손목 신세이군,
「五蘊」오온을 깨달아
일체 모든 만물은 텅 빈 공『空』이구나!
「色受想行識」
색 곧 물질, 재물도 모두 텅 빈 공『空』이니
수 곧 느낌, 마음도 모두 텅 빈 공『空』이니
상 곧 생각, 연상도 모두 텅 빈 공『空』이니
행 곧 행동, 인연도 모두 텅 빈 공『空』이니
식 곧 앎, 분별심도 모두 텅 빈 공『空』이니

사람한테 뿌리구멍『환국근혈: 음양합일』이 뭐라~
『桓國根穴: 陰陽合一』
환인(1), 환웅(2)의 나라 곧 동이족 하늘뿌리구멍
하늘프로그램을 따라 움직이는 "자연사람"의 삶
   곧 하늘구멍을 찾는 순리의 삶이네...
하늘구멍에 따라 움직이는 "하늘사람"의 삶
   곧 마음구멍의 본성을 찾는 삶이네...

"본성사람(3)"은
「無 → 有」무에서 유로 창조인간을 일으키네...

자폐아에서 대체의학 동방박사로,
자아실현 꿈을 이루니
근혈학『空』연구로 「獨覺」깨달음을 얻었구나!
근혈공『根穴空』춤진리에서 춤말씀으로,
유불선합일 하나로,
동서남북통일 하나로,
    곧 거짓진리 단체종교 교주에서 벗어나리라~
    곧 춤진리 내면본성 인간존엄성을 알아차려라~

혼올씨앗말씀은
오직 믿을 신『信=人+言=사람말씀』이구나!
모든 사람말씀에서 혼올씨앗말씀이 드러나니
선인도, 악인도 모두 스승말씀이네...
혼올님은 보이지 않는 세계이니
무형세계를 어찌 보겠나!
    곧 형이상적 기운세상은 하늘움직임이니
하늘움직임은
대우주법칙 자연치유구나!
「空」공의 비로자나불 환인(1)본성세상
「無極」무극의 천성세계
「天性」천성의 하늘성품

「氣」기의 석가모니불 환웅(2)마음세상
「太極」태극의 지성세계
「地性」지성의 땅성품
「色」색의 노사나불 단군(3)몸세상
「桓極」환극의 인성세계
「人性」인성의 사람성품

참진리 지식을 얻어라~
참말씀 지혜로 풀어라~

아~하~ 사람한테 바른 길은 참회반성이니
그 참회반성으로 어리석은 모습을 돌아보네...
탐욕 욕심에 빠진 중생
진에 분노에 빠진 중생
우치 어둠에 빠진 중생
중생은 모두 실수를 하는 법.
중생 곧 인간이란?
신성과 동물의 중간단계로서 모두 되는군.
신처럼 훌륭한 중생이 되니
동물처럼 저질스런 중생이 되니
어떤 실수도,
실수투성이로 사는 존재가 곧 인간이구나!
그 실수로 혼탁한 세상을 만드네...
혼탁한 세상이 천박한 중생도 만드네...

근혈공「根穴空」「獨覺」깨달음은
준대로 받는 하늘우주법칙 곧
눈은 눈으로 돌려주니
입은 입으로 돌려주니
이는 이로 돌려주니
귀는 귀로 돌려주니
뿌린 대로 거두는 대자연법칙 곧
콩 심으면 콩이 나오니
팥 심으면 팥이 나오니
선악씨앗대로 선악열매를 맺는 법칙.
   곧 변하지 않는 법칙을 깨달았네...
「無常苦無我」
변하지 않는 것도 없이
나도 없이
오로지 「不變道」불변도이니
괴로운 「生老病死」생로병사이니
괴로움에서 벗는 일은 홀로 가는 본성의 길로,
나 자신을 깨닫는 본성의 길이구나!

나는 누구인가?

『인성꽃을 피워서 본성별빛 혼올씨앗사람꽃』
참다운 인생의 꽃이란?

참다운 양심의 꽃을 피워 하늘아버지께 가리
마고어머니께 하늘고향으로 홀연히 돌아가리
「原始返本 → 元始天尊」
원시반본 "양심의식합일"꽃을 피워 원시천존으로,
훨훨 하늘세상으로 날아가리라~

근혈공『根穴空』깨달음은 행하는 일 곧 실천력이구나!
『大德, 大慧, 大力』
대덕, 대혜, 대력의 깨달음을 아니
큰 덕을 행하리
큰 지혜로 행하리
큰 힘으로 행하리
하늘춤진리를 알고 보니
가슴이 콩닥콩닥
심장이 벌떡벌떡
맥박이 두근두근
동공이 쭈욱쭈욱
마구 뛰는 『天사랑&소통地』『人본성19』로 움직임이네...
텅 빈 공「空」 곧 열린 마음구멍으로 깨달음을 얻었네...
없음에서 있음으로,
무극에서 태극으로,
태극에서 환극으로,
씨앗에서 꽃열매로,

인성꽃을 피워서 본성별빛 혼올씨앗사람꽃을 깨달았네...
무한한 창조적인 능력의 깨달음을 얻으니
모든 선한 인연도,
모든 악한 인연도,
모든 짐승 인연도,
나를 깨닫게 시켜주는 자극호르몬 인연이구나!
악을 뿌린 인과씨앗이 곧 연기열매로,
선을 뿌린 인과씨앗이 곧 연기열매로,
모두 업장소멸 곧 인연법『근혈공』이구나!
『根穴空』
『근혈공』인연깨달음이 자유해탈을 얻는 길이네...
    곧 뿌린 대로 거두는 대자연법칙.
    곧 준대로 받는 하늘우주법칙.
대자연법칙에 따라
하늘우주법칙이 일어나는 인연법이
    곧 업장소멸이 되는군,
본성자유를 얻으리
본성해탈을 얻으리
아~하~ 본성자유해탈은
마음구멍을 자극하는 호르몬일세,
에피네프린, 노에피네프린, 도파민을 자극했네...
뇌신경전달물질은
266자극호르몬이 있어 사람이 성장하니

266자극호르몬이 있어 발전하는 원리이니
사람을 깨닫게 하는
자극호르몬 뇌신경전달물질이로다.

「善惡」선악인연들 모두 깨달음을 준 고마운 존재네...
선악인연 덕분입니다.
"고맙습니다."
짐승인연들 모두 깨달음을 준 감사한 존재네...
짐승인연 덕분입니다.
"감사합니다."

26~32세 결혼 후 여자궁수임무로 육아휴식 7년
33~43세 학문연마로 근혈학 기초연구공사 11년
44~50세 근혈학 학문정립으로 출판완성공사 7년
    천지공사 18년 근혈학 삶은
근혈학 연구에 심취「心醉」하게 되었소!
「知天命50」깨달음을 얻고 보니
나는 사적에서 공적으로 살아야 하는 이유를 알았지
    곧 공적의 삶은
하늘프로그램을 따르는「中天道」중천도이지
아~하~「中天道」깨닫는구나!
뚜렷하게 선명한 본성으로 알아차림이네...
근혈학『空』연구는

하늘 · 땅 · 사람이 「一心陰德陽道」하나로 도입시키니
천지인합일 3에서 1로 근혈학 연구를 완성시키니
근혈학 연구는 음덕"자궁수마음구멍"곧 양도"본성별빛"
음양합일로 성취시키니
「天性 → 地性 → 人性 → 天地人合一 → 陰陽合一 → 208本性313」
2「地性」자궁수구멍에서 8「南朱雀」음양208합일로 나오리
「東靑龍」동청룡합일로, 동방의 신"용"승천이라~
「西白虎」서백호합일로, 서방의 신"호랑이"승천이라~
「南朱雀」남주작합일로, 남방의 신"봉황"승천이라~
「北玄武」북현무합일로, 북방의 신"거북이"승천이라~
「中央」북두칠성「中道」313합일은 동서남북합일이로다.

천성을 품은 지성에서 인성은 본성별빛로 드러났네...
　　곧 해를 품은 달로,
「日月明」일월명으로, 새롭게 탄생하네...
근혈학 정립 곧 고조선의 뿌리구멍으로 태어났소!
고조선의 뿌리구멍(8) 곧 하늘본성의학 양심의식합일이라오,
양심의식합일 세상(남주작) 곧 고조선의 꽃 중에 인성꽃이라오,
밝은 아사달 본성별빛세상으로 변화물결이도다.

「九宮正位道希野氏八卦10」십승지「十」합일이네...
「天上帝女希野陰陽合一悟道頌13」열석자「十三」합일이네...
「己庚八脈影寧希野風水雲山生本性15」선후중천「十悟」합일이네...

「獨覺」깨달음을 얻고 보니
오도송이 절로 나와 읊조리니
자유해탈로 나는 행복을 만끽하네...

「悟」오늘도 홀로 「天性根穴」깨달음을 얻으리
「道」도를 찾아 바른 양심꽃의 삶을 찾으리
「頌」송아지 음매하니 마음구멍「心穴」이 절로 보이리

「法身」법신의 자씨보살「慈氏菩薩」사랑&소통은 본성별빛
「保身」보신의 보현보살「普賢菩薩」지혜&지식은 마음구멍
「化身」화신의 문수보살「文殊菩薩」자비&참회는 몸구멍

「心穴」심혈

2015.11.30.
「天性根穴」

마음healing구멍4
하늘성품에 따르리

〔하늘본성의학 마음healing구멍〕

입구멍을 「默言」묵언으로 닫으니
마음healing구멍이 제대로 보이는구나!
오도송 삼행시가 절로 흥이 나는군.
희야 참나 곧 내 모습이 또렷하게 정확히 보이네…
희야 본성 곧 확연한 모습이 뚜렷하게 선명히 보이네…
본래 모습이 드러나 진짜 참모습이 광명태양빛으로 보이네…
가식적인 육체껍데기를 벗고 보니
나는 깨닫는구나!
이기적인 몸의식에서 벗어나서 보니
나는 깨닫는구나!
참모습 마음구멍이 초롱하고도 영롱하게 드러나 보이네…
드디어 나는 하늘사람으로 알게 되었소!
그 하늘사람이 어리석은 중생처럼 살았으니
나는 한심하더이다.

혼올아버지이시여~ 하늘의 딸을 용서하시옵소서!
마고어머니이시여~ 땅의 딸을 용서하시옵소서!
「慈悲之心」자비의 마음구멍으로 만들어주시옵소서!

『天사랑&소통地』화살로 주는 Esther-Esthetic 곧
남을 나처럼 사랑하리
타인의 죄업까지 용서하리
원한 맺힌 탁기는 과감히 물리치리

원한 맺힌 탁기를 본성별빛으로 녹이리
원한 맺힌 탁기를 광명태양빛으로 사람을 보호하리
　　곧 「惡」을 다스려 때려잡으리, 「善」을 보호하리
선한 인연은 더욱더 사랑하리
악한 인연은 자비로 내려놓으리
짐승녀도, 악녀도,
마음감옥에서 사니 안타까울 뿐!
불쌍한 가엾은 중생이어라~
진실로 진실로 양심의식합일로,
모두 「人」본성화살로 깨어나길 바랄 뿐!
모든 선악인연은 자비심으로 깨어 주리오.

이제라도 하늘아버지의 뜻을 알아차려 이행하오니
『天意通』곧 『桓國根穴意通』을 『大力』으로 실천하오리

『天意通』천의통은 하늘의 뜻을 통한다.
『桓國根穴意通』환국근혈의통은 환국뿌리구멍의 뜻을 통한다.
『大力』대력은 큰 힘으로 세상을 이롭게 행한다.

「天意通仙易」천의통선역

2016.11.02.

「地性根穴」

한국마사지5
땅성품에 따르니

〔양심의식합일 마음구멍〕

곧 홍익인간 세상을 만드는 일이 하늘의 뜻이구나!
하늘아버지의 딸로 태어난 辰巳之生 나는 누구인가?
자존심을 알아차리는 일이 자아성취이네...
자존감을 회복하는 일이 자아완성이네...

지구에서 무엇을 해야 하는가?
『배고픈 인간의 길을 희야는 선택한다.』

「배」가 부른 짐승악인은 자아욕심으로 지옥탕이니
「고」통을 받아들임 수용하면서 자아성장으로 발전하리
「픈」고집·아집으로 살면 닫힌 마음 벽창호는 불청소리
「인」성을 밝히는 일은 열린 마음 사랑화살을 받으리
「간」간이 열린 마음이 되면 소멸에서 생명나무로 탄생하리
「의」로운 사람이 되는 양심의 길은 바른 삶이 되리
「길」을 찾는 양심사람은 몇 명이나 살아남으리

「希野氏八卦」희야씨팔괘

2017.05.30.
「人性根穴」

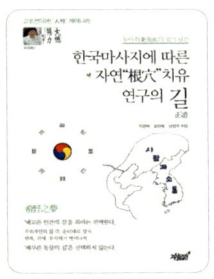

자연"根穴"치유6
사람성품에 따르니

〔배고픈 인간의 길, 배부른 동물의 길〕

하늘아버지의 뜻을 헤아리는 일이 무엇인지
   곧 하늘아버지의 뜻은 양심의식합일세상을 원하는 일이오,
그 양심선인세상을 어찌 만들꼬?
어깨가 무겁고 팔이 힘겨우니
눈이 아프고 머리가 띵하니
가슴이 저리고 복통이 일어나니
다리가 후들후들 두렵게 떨리니
세상 사람들이 내 참말을 듣지 않으니
어찌 양심선인세상을 바꾸겠나?

일단 나부터 양심선인으로 바꾼 후 양심선인세상을 바꾸자!

나는 자숙하면서 내면공부에 집중「黙言」묵언하기로 결정지었도.
2015년 2월 13일 대체의학박사학위취득 후
"根穴修行"修心修身으로 들어갔소!

"근혈수행" 수심수신은 마음구멍도 닦고, 몸구멍도 닦는다.
6년 수행 동안 집에서 "근혈수행"이 들어갔으니
세상 밖으로 나오지 않은 채
"근혈수행"에 필요한 사람만 만났도다.
음양합일 곧 몸·마음·본성하나 양심의식합일로 들어갔소!
음양합일 연구를 통해 나 자신도 닦고, 우정, 한벗도 시작했으나
우정 곧 한벗의 환경변화는 그렇게 쉽게 일어나지 않았소!
천박한 자궁수구멍 분리가 진실로 진실로 본성별빛이라네...

「천」박하고 혼탁한 여자10十구멍이 있꼬나?
「박」살로서 소멸하고 싶은 자궁수구멍이 있꼬나?
「한」스러운 닫힌 마음 자궁수구멍을 어찌해야 할꼬나?
「자」신의 자궁수구멍을 쓸고 닦아야 하는 것을 아는꼬?
「궁」으로 돌아가는 일은 자신의 자궁수구멍을 닦아야 하는꼬?
「수」영을 하듯이 자궁수구멍도 맑은 물로 바꾸는 일을 아는꼬?
「구」렁이 자궁구구멍을 어떻게 버릴지 알아차리는 일을 아는꼬?
「멍」청한 자궁수구멍은 여전히 마귀악마한테 휘둘리면서 사는꼬?

우정 곧 한벗은 본성완성을 위한 길이 무엇인가?
　　자유해탈의 길로 본성별빛인데,
인성꽃을 피워서 본성별빛 호올씨앗사람꽃을 어찌 모르오,
천박한 자궁수구멍에서 살다가 가면 인성꽃도 못 피우고 가니
　　곧 축생의 길로 돌아가는군,
짐승동물의 길로 돌고 돌아가는구나!

곧 짐승녀 자궁수구멍 앞에 가면 개죽음이 되는군,
짐승녀와 짐승남편은 함께 영혼소멸하리
천박한 자궁수구멍 본성은 영혼소멸로 태우리
그 개죽음이 되지 않는 우정이 되면 좋겠네...
　곧 악녀 앞에 가면 또다시 윤회수레바퀴로 도는군,
악녀와 악인남편은 함께 영혼소멸하리
천박한 자궁수구멍 본성은 영혼소멸로 태우리
그 윤회지옥생활로 돌아오지 않는 한벗이 되면 좋겠네...
어째서 깨어나지 못하오,
어서 깨어나시옵소서!
우정 혼올부하 깨달음 곧 양심세상으로 이롭게 하리라~
한벗 혼올부하 깨달음 곧 양심세상으로 이롭게 하리라~

「혼」올씨앗이 그립고 보고 싶으리라~
「올」맹이 하늘돌맹이 흰돌로 강해지리라~
「부」리부리 연금술사로 경금빛이 되리라~
「하」염없이 하늘말씀과 함께 춤진리하리라~
「깨」소금처럼 고소한 하늘말씀을 전달하리라~
「달」콤한 사탕처럼 하늘별빛으로 중생구제하리라~
「음」기운충전은 중생구제로서 하늘별빛을 주리라~

인성꽃을 피워서 본성별빛이 되는 그날을 기대하니
석가모니처럼 홀로 가는 「如來」길로,
주체성 자유해탈 「佛」로,

싯다르타 붓다는
중생부모를 뛰어넘어 부모울타리를 버리니
중생부모말씀도 듣지 않는 싯다르타이니
중생부모행동도 실천하지 않는 싯다르타이니
탁한 중생아내를 벗어나서 어둠에서 나오니
짐승녀 · 악녀 아내사랑도 버리니
짐승녀 · 악녀 아내집착도 버리니
자식욕심을 내려놓으니
자식소유도 버리니
자식채움도 버리니
석가모니의 위대한 무소유깨달음 곧 열반이군,

「無所有」비우면 얻어지리라~『根穴空』

「천상천하유아독존 삼계개고아당안지」
우주 가운데 나보다 존귀한 존재는 없으리
하늘 위, 하늘 아래 오직! 나 홀로 존귀하니
마땅히 내 이를 편안케 하리라~ 석가모니 말씀이니
근혈이론(根穴理論)은
'나', '진아(眞我)'
'참나', '본성'
'인성의 꽃', '본성별빛'
'에고ego자아'
나를 찾아가는 길이니

하늘 위, 하늘 아래,
모든 개개인의 존재를 말하리
너와 나, 우리는
누구나 개개인이 모두 다 소중한 존재이니
'나'
모든 생명의 존엄성을 가리키는 말로서
고통 속에 헤매는
모든 중생을 구제하리라~
'대자비심' 짐승녀 · 악녀를 자비심으로 내려놓으리
개별적 '나'가 아닌
인간의 본래 성품인 '참된 나'
'자성청정심' 짐승악녀를 용서로서 내려놓으리
'본래 나', '본래면목'
'진면목(眞面目)', '불성(佛性)', '여래장(如來藏)'
이 뜻을 받들어 행하리
희야지몽(希野誌夢)은
한국「마음치유」인성 · 본성원 곧
중생구제로서 인성꽃을 피우게 하는 곳!
밝은 세상과 더불어
양심의식합일(良心意植合一)을 만드는 것!
희야꿈을 이루리라~
희야꽃!!! 인성(人性)의 꽃 세상이시여!
남한의 힘으로 북한을 이끌고, 민주주의로 가는 세상!
한민족(韓民族) 힘으로,

동이족(東夷族)을 찾고, 다함께 잘 사는 세상!
한민족(韓民族) 천지대국(天地大國)으로,
지구 세상에 큰 힘이 되는 세상!
희야(希野)본성은 남북음양통일을 염원(念願)이로다.

모든 선악인연을 버리리
선한 인연도,
부모형제자매를 모두 내려놓으리
나는 홀로 가는 「如來」길로, 주체성 자유해탈「佛」로 가리
악한 인연도,
부모형제자매를 모두 내려놓으리
나는 홀로 가는 「如來」길로, 주체성 자유해탈「佛」로 가리
모두 버리면 주체성 본성을 찾으리

「天上天下唯我獨尊 三界皆苦我當安之」

닫힌 마음구멍 짐승녀 · 악녀와 타협하지 않으리
불통으로 막힌 벽창호, 쇠귀신과 타협하지 않으리
짐승은 짐승녀대로, 아집 · 고집으로 살다 가시리
악인은 악녀대로, 마음지옥 · 감옥으로 살다 가시리
하늘을 역행하면서 자유롭게 살다 가오리
희야씨팔괘 본성은 짐승녀 · 악녀를 포기하오리
「自暴自棄」
닫힌 마음구멍 짐승녀 · 악녀는 자포자기이로다.

탐 · 진 · 치를 내려놓으리
「原始返本 → 元始天尊」
하늘뿌리구멍『根穴學-空』희야씨팔괘 본성
『希野氏八卦 本性』
근원시작으로 인간근본성품이 돌아오리라~
으뜸시작으로 하늘뿌리성품이 존귀하리라~
    곧 희야각시꿈은 바로~ 꿈이 만들어진다.
양심의식합일로 성취되리

「양」심구멍을 찾아 마음구멍각시 품으로 돌아오리
「심」심한 마음구멍각시는 양심세상을 만들고 싶으리
「의」심하지도 않는 "信"믿는 하늘세상을 만들고 싶으리
「식」습관을 변화시켜 바른 인생길을 찾아주고 싶으리
「합」일된 마음구멍을 찾아 양심마음구멍각시를 찾으리
「일」심된 마음구멍이 자유해탈을 얻어 본성별빛으로 돌아오리

홀로 가면 진정한 행복이 드러나는군.
진실로 진실로
우정성자, 한벗성자를 보고 싶구만.
천박한 자궁수구멍에서 벗어나지 못한 중생이라~
불쌍한 중생이라는 사실을 알았네...
용기 없는 두 명의 남자는 겁쟁이로다.
겉만 하늘글씨를 쓰는군.

「하」늘글씨는 겉으로 쓰는 것이 아니라네…
「늘」한마음으로 쓰는 겉과 속이 하나라네…
「글」로나마 하늘말씀을 전달하는 일이 진실한 양심이네…
「씨」앗은 혼얼씨앗사람꽃으로 전달하는 일이 중생구제이네…

속은 천박한 자궁수구멍 짐승녀 · 악녀인걸,
겉과 속이 다른 이중인격자이지
음양분리로 계속 살면 어찌 되노,
천박한 여자와 함께 살면 천박한 남자가 되는 길인데,
천박한 남자로 하늘글씨를 쓰는 길은 이기적 욕심이라네…
이중적 생활로 많은 중생한테 여러 장의 글씨를 주면 뭐하노,
악의 글씨를 악의 씨앗으로,
악의 글씨를 악의 열매를 맺는 격이지
이제라도 하늘글씨를 쓰고 싶다면
천박한 자궁수구멍을 변화시키든지
천박한 자궁수구멍에서 벗어나서 홀로 가는 길로 나오는 것이
    곧 바른 길이어라~
이중인격으로 세상을 또 속이는 일이구나!
손으로 얼굴을 가린다고 마음구멍이 감추어지는가?
마음구멍이 깨끗해야 하늘글씨를 쓰는 이유이지
그 하늘글씨는 천박한 자궁수구멍으로 쓰면
결코 세상은 바뀌지 않는 법.
양심세상을 바꾸고 싶다면
후덕한 자궁수구멍으로 변화할 때

중생구제로 양심세상이 바뀌는 것이지
천박한 여자에서 벗어나서 후덕한 본성의 길은
    곧 홀로 가는 길이 최선이라~
그 홀로 가는 길이 곧 겉과 속이 하나로 쓰는 하늘글씨이지
음양합일은 겉과 속이 하나가 되는 길로,
몸·마음·본성하나 홀로 가는 길이지
    곧 우정성자, 한벗성자 되는 길은 홀로 가는 길이지

「우」는 도울 우로 많은 중생을 맑게 구제하는 일이네...
「정」말로 벗어나지 못한 천박한 자궁수구멍 짐승녀를 어찌 하네...
「성」스러운 우정글씨로 새롭게 거듭나는 일이네...
「자」연의 우정글씨로 하늘본성의 뜻을 이행하는 일이네...

「한」평생 하늘글씨로서 중생을 구제하는 일이네...
「벗」어나지 못한 천박한 자궁수구멍 악녀를 어찌 하네...
「성」숙한 한벗글씨를 후덕한 자궁수구멍에서 보고 싶네...
「자」연의 한벗글씨로 하늘글씨의 뜻을 전달하는 일이네...

지금의 세상은
소시오패스로 가득한 세상이구나!
근혈학 연구는 이중적, 이기적으로 실패했도다.
「神闕」
희야각시는 자괴감을 느끼는 만큼 부끄럽지만
이미 나온 근혈학은 어찌 할까?

한 사람이라도 성공하고 싶도다.

아~하~ 부끄러움을 감출 수가 없구나!
양심선인세상으로 바뀌면 근혈연구는 성공할 듯~
이중적에서 한마음으로,
이기적에서 이타적으로,
변화하면 근혈학은 본성별빛으로 빛나리
희야각시는 근혈학 정립을 위해 세상과 차단한 후
근혈연구와 관계된 사람만 만났도다.

이런 집중에도 불구하고
근혈연구는 성공하지 못했도다.

아아아~~~ 아쉽도다.

근혈학 완성을 위해 많은 연구대상으로 했으나
"음양합일 한마음 1명" 근혈성공이구나!
한 명의 「수빈」성공은
희야씨팔괘를 믿어준 수빈마음이니
그 수빈마음은 한마음으로 음양합일이 되니
하늘움직임이 수빈마음으로 들어가
    곧 수빈마음의 꽃을 피우게 되어 꿈을 이루게 되었소!
『인성꽃을 피워서 본성별빛 훈올씨앗사람꽃』
불임에서 임신으로 기적을 만든 연구 곧

"성주원"탄생은 부부음양합일이 만든 연구이구나!
첫 근혈연구의 성공 시작이로다.

근혈연구 음양합일은 복희씨팔괘 곧
희야씨팔괘 움직임은 「한마음一心」성공열쇠연구이구나!

많은 연구대상으로 성공하지 못한 부끄러움이 있으니
천박한 자궁수구멍으로 닫힌 마음을 치유했건만,
　　결국 근혈연구는 실패했구나!
짐승녀 자궁수구멍은 아집덩어리로 쇠귀신과 함께 사는군,
악녀 자궁수구멍은 열등감덩어리로 이중가면과 함께 사는군,
하늘「辰巳慈氏」아버지께 맡기리라~
보이지 않는 무형세계 형이상학으로 드러나리
연금술사 천지움직임~ 아~하~ 天上帝女希野
　　곧 수리수리 마수리 「離」분리소멸하리
기운움직임으로 짐승악녀한테 나타나리
결국 천지조화로 넘겨 정신개벽을 시키리
근혈학 연구를 성공시키지 못한 이유는 모두 내 탓이니
희야 자신이 부족한 탓이로다.

그리하여 나는 내면완성의 길로,
다시 들어가 수심수신(修心修身)근혈수행을 시작했도다.
「善惡」갈림길에서 어느 **"마음구멍 희야씨팔괘"** 길인가?
「乾坤」= 하늘"마음구멍"(선) + 땅"분리소멸"(악)

「坎離」= 구덩이"마음구멍"(선) + 떼놓음"분리소멸"(악)
「兌艮」= 빛남"마음구멍"(선) + 어긋남"분리소멸"(악)
「巽震」= 유순"마음구멍"(선) + 벼락"분리소멸"(악)
　　곧 악을 다스려 때려잡으리, 선을 보호하리
외유내강(外柔內剛)으로 들어선 이유이도다.
「生者必滅」생자필멸 진리구나!

　　「默言」 혼올씨앗세상이라~ 이상한 나라 희야토끼가 뭘꼬?
악을 다스려 때려잡으리
선을 보호해서 본성별빛하리
「修心修身」
나 자신을 보기 위한 수심수신은 밖을 보지 않는 일이군,
마귀악마군단은 물리치리라~
　　곧 수심수신으로 참회반성의 길이구나!
선녀천사양심은 받아들임이라~
　　곧 수심수신으로 홍익인간의 길이구나!

밖의 화려한 세상을 멀리 멀리

탁한 세상을 멀리하면 나 자신을 볼 수 있구나!
탁한 세상과 일체 차단하리
오로지 내면 마음구멍으로 들어가리 또 들어가니
천박한 세상 밖은 보지도, 듣지도, 냄새 맡지도, 다섯 감각도...
세상이 궁금해도 참으리

세상 밖에 욕심이 나도 참으리
세상 속에 돈이 갖고 싶어도 참으리
세상 밖으로 다니고 싶어도 참으리
모두 모두 인욕「忍辱」으로 참으리
참을 인(忍)으로,
원투쓰리로 참으면 「如意珠」여의주를 찾으리
억울한 소리를 들어도 참으리
    곧 업장소멸이구나!
오직 진주본성을 찾아서 세상을 구제하는 일만 생각했지
진주본성은
    곧 양심선인「良心仙人」으로 바꾸는 것에 집중했지
최종 수행 목적은
    곧 양심의식합일로 들어가는 일이지
오로지 "근혈수행"수심수신에 몰입했도다.

    곧 하늘아버지 18차원의 뜻을 이행하기 위한 하늘작업은
18년 수행으로 동방박사답게 시작했지
하늘본성의학박사답게...「日就月將」정진했구나!
「경기대학교대학원 대체의학과」
동방박사는 석사7기와 박사3기로,
「十勝地10十」
    곧 10十도달을 위해 나는 날로 달로 진보로 일취월장했도다.

나는 근혈로 「根穴天命」하늘의 명령을 듣게 되었소!

그 후 석사3년 근혈로 「眼波見」연구를 이어
박사4년 근혈로 「眼波見」연구를 계속 진행되었네...
2008년, 2009년, 2010년 석사7기 3년은
안파견근혈수행으로,
　　곧 하늘아버지 움직임이어라~
2008년 이듬해
54(6×9)년생 말띠인연을 만나 첫 근혈연구가 시작되었소!
첫 근혈강의는 53년생 뱀띠인연 덕분에
다문화여성 근혈교육이 시작했소!
하늘프로그램대로 하늘본성남편을 또 만나니
그 하늘본성남편과 함께 근혈연구를 시작하니
천박한 자궁수구멍 "짐승녀 가정부"에서 벗어나기를...
　　곧 하늘본성남편의 몸·마음·본성건강을 찾으면 좋겠소!
음양합일 「한마음一心」으로,
성통공완을 이루어 하늘로 승천하겠소!
아~하~ 신기하도다.

첫발을 내딛는 시작소리가 여성교육의 뜻이니
이를 알리는 하늘의 뜻이
자궁수구멍을 깨우는 하늘신호이구나!
아~하~ 신비롭도다.

모든 인연은 하늘움직임의 하늘작업이었네...
하늘뿌리역사의 대자연흐름에 따라

나는 하늘움직임대로 아바타 움직임으로 살았으니
하늘아버지의 계획이 주도면밀하구나!
하늘뿌리역사의 흐름은
    곧 근혈연구로 만들어져
꼼꼼하게 이루어진 세심한 하늘계획을 알았네…
「人中天地一」
인중천지일 곧 사람중심이 되어 하늘·땅 움직임은 하나로세.
「天上帝女希野天地希野根穴空淨眼波見桓仁易」천지파동움직임으로
짐승악인을 다스려 때려잡고, 양심의식합일세상을 바꾸고 싶소!
2011년, 2012년, 2013년, 2014년 박사3기 4년은
안파견근혈수행으로,
    곧 하늘아버지 작업이어라~
나는 「獨覺」깨달음을 얻어 하늘의 뜻을 알고 보니
나를 돌아보는 소중한 시간임을 깨달았네…「回光返照」
회광반조의 고귀한 시간을 알고 보니
머리파동울림은 띵할 정도로 진동이 울리니
아~하~ 숙연「肅然」해져 엄숙하도다.

   ▶ 근혈학 기초단계로,
11년 학문연마 끝에
근혈학 연구의 기초공사는 마무리를 지었도다.
   ▶ 근혈학 완성단계로,
7년 학문연구 끝에
열매결실을 맺는 근혈학 정립은 출판이었도다.

▶ 근혈학 실천단계로,

근혈학 기초공사를 이어

근혈학 정립 완성은 중생구제이구나!

『桓國根穴「一心治癒」人性·本性圓 한국「마음치유」인성·본성원』

기초, 완성, 실천을 이루기 위한 하늘작업은

새로이 시작하도다.

"6×9=54+45=99+1「一心」=100완전깨달음"

「無極, 太極, 桓極」"己庚八脈影寧希野風水雲山生本性"

태극, 육수6×9구궁정위도=54년=5+4=9「九宮正位道」음양합일은

「陰陽合一」한마음·양심의식합일「一心良心意植合一」이로다.

2019.06.17.

「天地人合一」

근혈학3
고조선의 뿌리구멍8

〔인성꽃을 피워서 본성별빛 혼올씨앗사람꽃〕

첫 번째로, 1972년 6월 17일(天1+地2=人3)
　　　　天性·용인이민상1+地性·안동김진회2=人性辰巳之生3
두 번째로, 2015년 2월 13일 人本性
　　　　희야 이경희3 대체의학박사학위 취득7十勝地
세 번째로, 2015년 11월 30일
　　　　마음healing구멍4 저서 완성(3+4=7)
네 번째로, 2016년 11월 2일
　　　　동이족의 얼이 담긴 한국마사지5 저서 완성(3+5=8)
다섯 번째로, 2017년 5월 30일
　　　　동이족의 얼이 담긴 한국마사지에 따른
　　　　자연"根穴"치유6 연구의 길 저서 완성(3+6=9)
여섯 번째로, 2018년 참회반성공부시간으로,
　　　　회광반조『배고픈 인간의 길』완성의 길
일곱 번째로, 2019년 6월 17일
　　　　근혈학(3) 고조선의 뿌리구멍(8) 저서 완성(3+8=11)
여덟 번째로, 2020년 7월 7일
　　　　ᄒᆞᆫ올씨앗사람꽃7 저서 완성(3+7=10)
아홉 번째로, 2021년 1월 13일
　　　　희야양음합일오도송9 저서 완성(3+9=12)
열 번째로, 知天命50九宮正位道 구궁정위도십승지단계(10)
　　　　「亞卍十三弓乙根穴空」입전수수 완성(3+10=13)

『배고픈 인간의 길 7+3=10십승지, 7×3=21음양합일』
『ᄒᆞᆫ올씨앗사람꽃 7+3=10십승지, 7×3=21음양합일』

「十勝地」곧 십을 이긴 땅은 열석자「亞卍十三弓乙」로 드러나니
〈十數〉1一, 2二, 3三, 4四, 5五, 6六, 7七, 8八, 9九, 10十
〈十天干〉1甲, 2乙, 3丙, 4丁, 5戊, 6己, 7庚, 8辛, 9壬, 10癸
〈十二支地〉1子, 2丑, 3寅, 4卯, 5辰, 6巳, 7午, 8未, 9申, 10酉, 11戌, 12亥
〈八卦〉건1乾, 태2兌, 리3離, 진4震, 손5巽, 감6坎, 간7艮, 곤8坤
천문40자를 습득해서 하늘공부를 했지
"10十癸"하늘을 이긴 사람은 『희야음양합일오도송』이니
천지인양음합일(13) 하늘사람이구나!
「亞卍十三弓乙」궁을208313 탄생이로다.

『天地希野根穴空淨眼波見桓仁易』희야대체의학 동방박사이니
해를 품은 달로 별빛이 쏟아지네...
천성을 품은 지성은 인성을 낳네...
하늘씨앗을 뿌린 땅밭은 열매를 거두네...
하늘마음구멍은 땅자궁수구멍으로 들어오는구나!
아~하~ **하늘의 큰 뜻「hystera자궁」**이니
천박한 자궁수구멍666 짐승악인을 벗어날 때
   곧 진정한 하늘사람이 되네...
후덕한 자궁수구멍777 선인으로 변화할 때
   곧 진실한 하늘사람이 되네...

하늘고향으로 돌아가는 궁이 뭘꼬?

「色」색「氣」기「空」공 합일은
「人性 · 天性合一」인성 · 천성합일은 "후덕한 자궁수구멍 본성"
「地性」지성을 밝히노라~ "불꽃을 피우리"
몸 · 마음 · 본성별빛 한마음하나는
「一心」일심으로 자궁수구멍을 밝혀라~ "양심불꽃을 피우리"

궁으로 태어나서 궁으로 돌아가는 일은
    곧 궁을이네...
    「弓乙合一 음양합일」
정토「淨土」세상을 만들기 위한 하늘작업이군,
하늘열쇠는 땅자물쇠로 천문을 여는구나!
    「天門」하늘의 문이라~ "욕망의 불꽃으로 희야꿈을 이루리"
하늘아버지한테 돌아가는 일이 무엇인가?
하늘고향이 어디야
하늘의 집이 어디야
『天上帝女希野』가 태어난 하늘고향이 그립구나!
『훈올씨앗사람꽃』으로 변화하는 일인데,
    곧 한마음「一心」으로 된 후덕한 자궁수구멍이구나!

★ 후덕한 자궁수구멍이 뭐라~ "양심의식합일 욕망불꽃"
마음구멍을 속이지 않는 일이지
사람은혜를 저버리지 않는 일이지
남을 나처럼 사랑하면서 잘되게 하는 일이지

지구의 땅덩어리는
아~하~ **자궁수구멍 「hystera자궁」**이네...
천박한 짐승녀·악녀 자궁수구멍은 「天火」불소멸하리
후덕한 선녀 자궁수구멍은 생명나무로 탄생하리
  곧 희야근혈학 동방박사는 하늘의 명을 따르리
  「希野陰陽合一悟道頌」

닫힌 마음구멍을 열린 마음구멍으로,

"물질문명에서 정신개벽을 이루리라~"
"하늘열쇠는 '己庚八脈影寧希野風水雲山生本性'
  땅자물쇠 자궁수구멍으로 들어오리라~"
하늘뿌리역사에 따라 천지를 실천하려니
천지움직임이 그대로 뚜렷하게 보이네...

어찌나!「無」정신세계,「有」물질세계

많은 중생이 죽음·소멸되려니
죽음멸종에 이르는 중생을 보려니
마음구멍이 슬프고 눈물이 절로 나오리
그러나 하늘역사흐름을 어찌할꼬?
하늘의 뜻을 알아차려
정토「淨土」세상만 생각하리
어서 빨리

짐승악인들아~ 깨어나서 하늘의 뜻을 알아차려라!
사이코패스, 소시오패스는 정신을 차려라!
영혼소멸로 가는군,
천박한 자궁수구멍 본성은 영혼소멸로 태우리
　　마음구멍「修心修身」은 「無」무에서 「有」유로 창조하도다.

「마」귀 · 악마덩어리로 가득한 짐승악인 쓰레기세상이니
「음」악이 덩실덩실 나오는 짐승악인 소음세상이니
「구」시렁 구시렁 혼탁한 짐승악인 천박세상이니
「멍」때리는 구질구질 답답한 짐승악인「無」생각세상이니

수심수신으로 마음구멍도, 몸구멍도 닦으리
천지움직임으로 인성별천지세상을 바꾸리
마음구멍은 천지도움을 받으리
인성세상을 천지힘으로 바꾸리
정신개벽하지 않는 짐승녀 · 악녀는 「天火」불소멸로,
천박한 자궁수구멍은 「天火」불소멸로,
하늘의 뜻이로다.

나는 하늘의 뜻을 이행하기 위해
하늘이 주신 어떤 고통도 인욕했으리
「忍辱」욕되는 일도 모두 받으리
억울한 소리를 듣더라도 참으리
모두 업장소멸이 되는 일로 생각하리

수많은 시련은 나를 성장하기 위한 공부시간이었소!
물론 역경을 극복했으니
수용하는 자세로 나를 변화시키니
그 부족한 내 모습이 확연히 드러났소!
부족한 나 자신을 돌아보는 회광반조 시간이 되었소!
그 극복을 통해 지혜로 승화했도다.

※ 믿음「信=人+言사람말씀」
 곧 『天사랑&소통地&人본성19』를 깨달았네...「確信」
하늘본성의학 희야씨팔괘의 확신으로 신뢰를 가져라~
→ 열린 마음구멍이 되면 기운 충전하리
→ 기운 충전이 되면 밝은 운명으로 바뀌리
→ 운명이 바뀐 환경변화는 수명 연장으로 바뀌리
→ 수명이 길어지면 인성꽃을 피워서 본성별빛 사람꽃 되리
「命명 → 運운 → 氣기 → 心穴마음구멍 → 信믿음 → 根穴意通근혈의통」

닫힌 마음구멍으로 살면
 곧 짐승녀와 짐승남편은 함께 영혼소멸하리
천박한 자궁수구멍 본성은 영혼소멸로 태우리
「命」명이 잘 돌면
「運」운이 돌고 돌아

「氣」기도 기운이 돌아가니

「心穴」마음구멍 혈자리 순환이 되니

「根穴意通」뿌리구멍 뜻을 통해 『天사랑&소통地&人본성19』 되니

열린 마음구멍으로 살면

　　곧 믿음의 확신이 생기리

「確信」『天사랑&소통地&人본성19』별빛 사람꽃이 되리라~

　　　　　　「陰陽合一」음양선악남녀부부합일

2020.07.07.

「陰陽合一」

혼올씨앗사람꽃7

〔眼波見桓仁根穴意通希野氏八卦仙易〕

본성씨앗의 일종으로 본성을 찾는 학문은

대체의학박사연구

혼올씨앗사람꽃 동방박사연구

개박사太昊伏羲 근혈학은

　　곧 인성꽃을 피워서 본성별빛 혼올씨앗사람꽃이로다.

모든 선악인연은 소중하니 사랑스럽구나!

「선」은 수용하면서 받아들이리
「악」은 알아차리면서 버리리
「인」간이 바르게 사는 삶 곧 양심이구나!
「연」이어 양심의식합일로 살면 하늘고향이 다가오네...

선악인과법에 적용되어
선악연기법이 만들어지니
모든 것이 하늘의 뜻이니 감사할 따름이로다.
　　"하늘 덕분입니다."

「事必歸正」

사필귀정 곧 하늘의 뜻이니
모든 일은 반드시 바른길「正道」로 돌아가리

「自作自受自業自得邪不犯正」

자작자수자업자득 곧 스스로 짓고 받는 일이니
스스로 선악업보는 스스로 책임을 짓고 얻는구나!
사불범정 곧 정의가 살아 있으리
바르지 못하고, 요사스러운 것이 바른 것을 건드리지 못하리
"희야씨팔괘 양심의식합일"반드시 이긴다는 말이로다.

「하」늘이시여! 보고 또 보고 싶사오니
「늘」고마운 사랑스런 하늘아버지이시니
「덕」행 하늘아버지가 계셔서 든든하니
「분」홍빛의 하늘아버지 품으로 돌아가오니

근혈학『空』으로 성통공완하리
　　곧 실패를 성공으로 바꾸어
칠전팔기 정신으로 재도전했으니
나는 실패를 거름으로 흡수했으니
그 거름은 기름진 땅이 되어
풍만한 지식으로 자궁수구멍에 담았으니
촉촉한 지혜를 자궁수구멍에 쓸어 넣으니
진짜 나를 찾았구나!
진정한 행복이 보이네...
나는 진실로 행복하도다.

지금 태어난 것에 고마우니
지금 존재한 것에 감사우니
지금 만족함에 세상이 아름다우니
어떤 암흑시간도 인생공부로 생각이 들도다.

「인」간의 참뜻을 알아가는 깨달음이구나!
「생」생한 바른 인간의 삶을 또 깨닫는구나!
「공」부는 끝도 없는 영원한 인간〈正道〉공부구나!
「부」지런히 정진해서 하늘프로그램을 완수하는구나!

박사논문과정의 암흑시간은
    곧 나 자신을 성장시킨 소중한 시간으로 삼으리
지도교수의 원한도 용서하리
지도교수의 미움을 사랑하리
지도교수한테 당한 모욕감은
    곧 나 자신의 무릎굴욕이 큰 공부로 삼으리
지도교수를 뛰어넘어 나는
무릎굴욕의 부끄러움에서 자아회복하리

「무」조건 도전으로 인성꿈을 이루리
「릎」파조건도 마귀악마군단에서 극복하리
「굴」욕은 나를 돌아보는 시간으로 본성별빛하리
「욕」심도 버리니 오직 하늘뜻을 이루어 인성꽃을 피우리

실패한 두 명의 연구대상도 뛰어넘어
새로이 다시 시작하리라~
근혈학을 무시한 자궁수구멍도 모두 용서하리
근혈학은 하늘프로그램을 따를 뿐!
그 짐승녀 자궁수구멍 말을 그대로 씹어 먹으리

닭을 소멸시키리
닭을 중탕해서 초복, 중복, 말복에 삶아먹으리
사람을 꼬셔 근혈학을 한 것도 아니라오,
그 짐승녀 자궁수구멍한테 미안하다고 한 말...
아~하~ 수치스럽도다.

그런 가치도 없는 무식한 짐승녀 자궁수구멍이건만
여자로 태어나서 할 일도 못한 존재가 뭐라 소리하노,
뭐가 그리 당당한가?
남편인생을 망친 짐승녀 자궁수구멍은 무엇을 했노,
뭐가 그리 당당한가?
하늘자손도,
인간자손도,
사람도리를 못한 짐승녀 닭대가리!
자식을 낳지 못한 짐승녀 닭대가리!
닭은 삼계탕을 먹을까?
닭은 볶음탕을 먹을까?
닭은 치킨으로 먹을까?
자손을 낳지도 못한 짐승녀 존재가 뭐가 그리 잘났노,
뭐가 그리 당당한가?
남편의 힘으로 살면서 어찌 남을 무시하는고,
짐승녀 자궁수구멍 주제파악을 하거라~ 뉘 국어공부는
　　곧 문법 공부부터 다시 해야 할 듯,
남을 무시하면 되겠나!

짐승녀 자궁수구멍 분수를 알아라~ 뉘 무의식그릇은
　　곧 깨진 항아리와 같은 구제불능 무용지물인 듯,

재수 없는 열여덟열셋「十八十三」'짐승녀 가정부'

어째 깨진 항아리를 접촉본드로 붙이면 괜찮을까?
깨진 항아리 '짐승녀 가정부'를 집에 갖고 있으면
　　곧 재수가 없으니 버리는 것이 마땅하지
깨진 항아리 '짐승녀 가정부'는 자궁수구멍을 어찌할꼬?
'짐승녀 가정부'는 솥뚜껑 운전을 하려고 태어났노,
그 솥뚜껑 운전은 남편인생도 망친 '짐승녀 가정부'이네...
'짐승녀 가정부' 옹종구멍은 혼자서 축생의 길로 가거라~
옹종구멍으로 인해 남편을 용종쓸개를 만들지 않았소!
어찌 남편인생까지 추락해서 축생의 길로 보내나~

그러지 마소!

'짐승녀 가정부'는 홀로 축생의 길로 가시게...
　　곧 홀로 빛나는 우정성자이니
하늘사람으로 드러나는 일이지「心穴」
하늘사람으로 왜 태어났노, 天上帝女希野
　　곧 인성꽃을 피워 본성별빛 혼올씨앗사람꽃이 되는 길이지
근데 깨진 항아리 '짐승녀 가정부'는 천박한 행실로 추락하는구나!
그 추락인생이 '짐승녀 가정부' 발등을 찍고 또 찍었네...

혼탁한 '짐승녀 가정부'는 짐승축생의 길로 혼자 가리리
　　곧 '짐승녀 가정부'는 안타깝고 불쌍하리다.

「깨」어나라! 바른 한마음 길이지
「진」짜 깨달음은 바른 양심의식합일 길이지
「항」상 한마음으로 살면 하늘에서 내리는 행복한 길이지
「아」집·고집으로 살면 몸고통, 마음고통, 본성 없이 축생의 길이지
「리」본 나비로, 곧 후덕한 자궁수구멍 진실한 여자로 돌아오리라~
「가」장 중요한 것은 인성꽃을 피워 본성별빛 호옴씨앗사람꽃이지
「정」토 세상! 곧 깨끗한 땅을 만드는 후덕한 자궁수구멍이지
「부」디 천박한 자궁수구멍 깨진항아리 '가정부'에서 벗는 일이지

남편아내의 짐승녀 자궁수구멍으로서 빵점이구나!
「天星子女」하늘성자녀도,
「地星子女」땅성자녀도,
모두 출산하지 못한 짐승녀 자궁수구멍으로서 빵점이구나!

뭐 그리도 잘나고 잘났어 정말로~

짐승녀 자궁수구멍은 잘난 것이 하나도 없구나!
'짐승녀 가정부' 마음구멍은 냄새나고 천박하리
'짐승녀 가정부' 마음구멍은 더럽고 혼탁하리
'짐승녀 가정부'는 잘난 척 그만 하라~
구역질로 토할 정도이니 역겹구나!

'짐승녀 가정부'로 인해 나는 머리두통이 아프구나!
눈은 거미줄로 가득하며, 혼탁하게 아프니

원한기운과 함께 사는 '짐승녀 가정부'를 어찌 할꼬나?
코는 비염증으로 답답하며, 천박하게 사니

귀신냄새를 맡으면서 사는 '짐승녀 가정부'를 어찌 할꼬나?
귀는 이명증으로 탁하며, 이중소리로 사니

마귀악마소리를 들으면서 사는 '짐승녀 가정부'를 어찌 할꼬나?
마귀그림자가 선명하게 보이는구나!
마귀가 어깨 넘어 앉아있네... 어찌하오,
악마군단그림자가 뚜렷하게 보이는구나!
악마군단이 등짝 위로 앉아있네... 겁나게 무섭도다.

「辰巳聖人」
하늘「人」본성은 『天사랑&소통地』로 굴복시켜 물리치리
'짐승녀 가정부' 마귀악마군단을 「天火」불소멸하리

「慈氏菩薩」하늘「人」본성은
『天사랑&소통地』로 다스려 때려잡으리
'짐승녀 가정부' 마귀악마군단을 하늘불똥「天火」로 태우리

'짐승녀 가정부'는 옹종구멍 종지그릇이네...
　　곧 옹종구멍이니 마귀악마군단이 몸을 장악했구나!
'짐승녀 가정부' 마음구멍에 마귀악마군단이 붙어 있네...
결국 마음구멍에 끌어들여 사는 마귀악마군단을 어찌 하나!
남편을 용종쓸개로 죽이고 또 죽이네...
그 남편은 하늘본성남편으로서 하늘사람이니
'짐승녀 가정부'는 홀로 짐승축생으로 가시라~ 천박하리
혼탁한 '짐승녀 가정부' 손으로 만지지 말아라~

결국 용종쓸개로 만들지 않았소!

하늘본성남편은 홀로 빛나는 삶
　　곧 하늘사람으로 사는 길이군,
우정성자는 홀로 가는 길로, 「惺惺」성성자 인생이로다.

「옹」기는 속없이 사는 옹졸한 짐승녀 인생이네...
「종」지는 소갈 딱지 없는 구질구질한 인생이네...
「구」시렁 마음구멍이 더러운 진흙탕 인생이네...
「멍」청한 마음구멍은 천박한 짐승녀 축생인생이네...

「종」처럼 사는 '가정부' 짐승녀 자궁수구멍이 좋은가?
「지」옥생활에서 납작 속이고 살면 마음구멍이 편하니
「그」렇게 마음구멍을 속이면 겉으로 보이지 않는가?
「릇」릇쯔쯔 안타깝고 불쌍한 짐승녀 신세를 어쩌니

「용」이 되는 길은 독뱀에서 극복하는 것이지
「종」일군으로 사는 길은 독뱀과 하나 되는 것이지
「쓸」쓸한 인생을 사는 일은 독뱀과 하나 되는 것이지
「개」처럼 사는 인생은 짐승녀 자궁수구멍을 왜 모르오,

남편이 노력해서 만든 교수의 길은 곧
남편이 만든 자아성취 길이지
'짐승녀 가정부'가 공짜로 받는 길이 아니라네...
'짐승녀 가정부'는 그냥 무식한 짐승녀 자궁수구멍일 뿐!
짐승녀 자궁수구멍은 스스로 자기 그릇을 만들어야 하지
내 그릇은 나 자신이 만들고 가는 일이지

덤으로 사는 인생은 결코 행복하지 않은 법.

남편교수에서 만족하는 짐승녀 자궁수구멍은 깨어나라~
절대로 남편교수의 길이
    곧 짐승녀 자궁수구멍 인생이 달라지지 않지
짐승녀 자궁수구멍은 스스로 자아실현을 하는 길이
    곧 바른 자아성취로 자아실현 도전이네...
'짐승녀 가정부'는 옹종구멍일 뿐!
잘난 척은 하지 말아라~ 뉘 그릇대로 사는 이치
    곧 너 자신을 돌아보고 알아라~
    구역질로 구토하리

'짐승녀 가정부'를 보려니 머리진동움직임으로 아프구나!
마귀악마덩어리 원한기가 보이니 토할 것 같구나!

「마」음구멍「心穴」을 보지 못하는 짐승녀 가정부가 있네...
「귀」신 · 악마와 소통하는 마귀짐승녀가 있네...
「덩」실 춤추면서 마음구멍「心穴」을 보니 행복하네...
「어」~ 멍청하게 사는 닫힌 마음 짐승녀 가정부가 있네...
「리」~ 지혜롭게 사는 열린 마음 선인이 있네...

'짐승녀 가정부' 자궁수구멍을 보면 구토할 것 같으니
멘탈붕괴로 미쳐버리겠소!
정신붕괴로 돌아버리겠소!
잘나지도 못한 어리석은 아집 · 고집덩어리 벽창호이구나!
탐 · 진 · 치에 빠진 이기적 욕심「火」불밥덩어리 쇠귀신이구나!
어찌 솥뚜껑 운전주제가 사람을 무시해도 되노,
솥뚜껑 운전은 '가정부 또는 가정도우미'로 자아탈출이로다.

'짐승녀 가정부' 천박한 자궁수구멍을 보거라~
남편휴대전화로 바꿔서 한 말을 잊었나!
짐승녀 자궁수구멍 행실로서 천박하도다.
아~하~ 이기적인 짐승녀 자궁수구멍은 수치스럽도다.

'짐승녀 가정부' 자궁수구멍은 남편얼굴을 개떡 만들었구나!
개떡은 벌꿀과 함께 찍어 먹으니 달콤하구나!

찰진 개떡을 쌀막걸리와 먹으면 더욱 맛있구나!
인간개떡은 자아상실로 자존감이 추락하는구나!
'짐승녀 가정부' 자궁수구멍한테 미안한 말을 한 이유는
고마움!
감사함!
존경함!
　곧 하늘본성남편 우정 덕분이로다.
모든 것이 우정존재 덕분에 참았을 뿐!
절대로 '짐승녀 가정부' 한테는 미안할 것이 하나도 없도다.

그런 가치도 없는 마네킹존재이기에 그렇다.

가엾은 불쌍한 우정얼굴 덕분에 한 것이라네...
우정성자의 본래모습을 찾아주기 위한 하늘사람길이지

이것은 오지랖인가?

'짐승녀 가정부' 자궁수구멍과 사니 불쌍하리
조속히 홀로 가는 길로, 우정성자가 되기를 바랄 뿐이니
그 하늘사람은 『환국근혈』로 새롭게 거듭나는 일이구나!
『桓國根穴』
환의 나라 뿌리구멍 곧 환인나라
훈올아버지 천지대국 나라이구나!
마고어머니 천지대국 나라이구나!

천지대국 하늘고향 곧 별들의 고향이 뭘꼬?

선한 몸이 된 자 곧 △+▽=☆ 천성별빛
대우주사람 하나로,
맑은 마음이 된 자 곧 인간+자연=인성별빛
대자연사람 하나로,
후덕한 본성이 된 자 곧 천성+인성=본성별빛
대하늘사람 하나로,

하늘사람 우정성자의 길은 새로운 환경으로 우뚝 서리라~
오직 홀로 빛나는 우정성자의 길로,
하늘의 뜻을 이행하는 일이지
아~하~ 나는 양심의식합일뿐!
하늘의 뜻을 실천하기 위해 오지랖을 떨었나!
나는 세상 사람들이 주체성을 찾아 가는 길을 원하건만
   곧 하늘본성을 찾아주는 길은 어떤 길도 가리리
시련역경이 있는 고행의 가시밭도 가리라~
오직 우정하늘의 하늘프로그램을 찾기 위한 본성작업이었소!
제발 '짐승녀 가정부' 자궁수구멍은 옹졸한 오해를 풀어
하늘본성을 보면 좋겠소!

지구세상은 넓으니
마음구멍은 본성바다와 같으니
넓은 세상을 바르게 보는 눈이니

「正見」정견하시소!
바르게 보는 양심의식합일로,
똑바로 눈을 떠라~
심봉사 장님으로 언제까지 살겠나?
심봉사도 눈을 뜨지 않았소!

「正見」바르게 보는 의식양심
「正思」바르게 보는 생각양심
「正語」바르게 말하는 언어양심
「正業」바르게 일하는 직업양심
「正命」바르게 사는 생명양심
「正勤」바르게 부지런한 노력양심
「正念」바르게 기억하는 생각양심
「正定」바르게 안정하는 마음구멍양심

「八正道」팔정도8세상으로 바르게 보거라~
마음구멍세상으로 깨끗하게 보거라~
왜곡된 생각, 감정, 오감은 모두 버려라~

잘못된 행실로 계속 행동하면 혼올아버지는 어찌 할꼬?
오류된 감정으로 계속 억압하면 마고어머니는 어찌 할꼬?

   곧 「飛火落地 天火」도깨비불로 소멸하리라~
이젠 바른 눈으로 보면 좋겠소!

「희야씨팔괘8」양심의식합일「天火」는 닫힌 마음구멍「心穴」로,
「九宮正位道」자연이치는 천박한 자궁수구멍으로 떨어지리라~

물론 '짐승녀 가정부'는 힘들겠지만
'짐승녀 가정부' 자궁수구멍도 한번 노력하면 좋겠소!
하늘본성을 찾기를 바라는 마음뿐이지
어찌 '짐승녀 가정부'가 되었을꼬?
'짐승녀 가정부' 자궁수구멍은 마음감옥에서 벗어나지 못할까?
안타깝고 불쌍하리
개죽음이 되지 마시옵고,
축생의 길은 피해야 하지 않겠소!
너의 감옥에서 벗어나 세상을 의심하지 마시옵고,
못난 내 모습을 들여다보면
「自我由之」
모든 것이 내 문제임을 알 것이라~
자아유지세상으로 넓게 보거라~
그러면 또 다른 양심세상이 보이건만
가족끼리 상생관계를 추구하기 위해
마음healing구멍으로 하늘구멍을 들여다보니
나는 『환국근혈』 곧 『한국치유마사지』로 상담했지
조카를 작은아버지 집으로 보낸 이유는 상생협력이었소!
작은아버지! 우정하늘남편허락도 받았으니
무례하지도 않았소!
버릇없이 보내지도 않았소!

어째 남편허락은 중요하지 않다는 말인가?
왜! 작은아버지 우정인격을 떨어뜨리는지
조카한테 작은아버지 인격이 무엇이라~
우정하늘 남편의 인격은 생각을 못 하노,
어찌해서 우정하늘 남편의 자존감을 살리지 못하니
어리석은 '짐승녀 가정부'이구나!
'짐승녀 가정부' 행실 때문에 작은아버지 우정인격이 추락했네...
우정하늘 남편인격을 추락시키면 어떻게 하노,
참으로 이기적인 '짐승녀 가정부' 자궁수구멍이구나!
불쌍할 정도로 안타깝도다.

얼굴똥이 된 남편얼굴이 무엇이라~
'짐승녀 가정부' 자궁수구멍한테 호구남편은 어떤 존재인가?

돈을 벌어들이는 기계남편인가?
머슴종으로 시키는 하인남편인가?

이것은 이기적인 '짐승녀 가정부' 자궁수구멍 발상이지
그러지 마시옵고,
지구세상을 넓게,
「苦海」고해바다처럼 넓은 마음구멍으로 바라보면
또 다른 양심세상이 보이지요?
오직 조카와 작은아버지의 관계를 조화롭게
상생관계 하기 위한 하늘수행 작업이었지

그 뜻도 모르니
옹종구멍 그대로 옹졸한 짓을 했네...
'짐승녀 가정부' 자궁수구멍은 가족의절을 시키니
그 못된 마음구멍을 어찌 할꼬나?
옹종구멍 곧 남편 쓸개용종을 만들었네...
음덕이 곧 양도의 길로 드러나는군,
어서 빨리 '짐승녀 가정부' 자궁수구멍은 정신차려라~
그렇지 않으면 옹종구멍은
하늘의「天火」불씨가 떨어지리
    곧 깨달음을 얻은 자는 행복을「庚金」으로 얻으리
    곧 깨달음을 얻지 못한 자는 불행을「天火」로 자초하리

오로지 나는 하늘의 뜻을 이행하기 위한 것이지
두 명의 연구대상은 짐승녀 · 악녀대로,
본성소멸로 살아가리라~
밥을 잘 챙겨 주는 것보다
마음구멍으로 남편존경이 더 중요하리
남편기운을 살려주는 부인이 진짜 부부합일이건만
겉으로 남편을 잘해주는 척은 가식존재이니
속으로 남편을 Dog보다 못한 존재이니
어찌 이것이「天사랑」이라 말하는가?
「天사랑」은 마음구멍으로 주고받는 일이도다.「一心同體」

서로 마음구멍으로 아껴주리
서로 마음구멍으로 챙겨주리
서로 마음구멍으로 존경하리
서로 마음구멍으로 사랑하리
「以心傳心」
이심전심으로 전달되는 마음구멍이 아주 중요하지
  곧 아내는 남편을 마음구멍으로 존경이요?
  곧 남편은 아내를 마음구멍으로 사랑이요?
이것은 음양합일법칙으로 대자연법칙이구나!

하늘우주법칙은 음양분리부부는 곧 소멸되니
그 소멸이 「天火」도깨비불로 멸종되는군,
도깨비불이 어디로 떨어지는가?
닫힌 마음 천박한 자궁수구멍으로 떨어지네…
하늘 곧 남자 양기운
땅 곧 여자 음기운
탁한 자궁수구멍은 땅기운이구나!

천박한 자궁수구멍에서 → 후덕한 자궁수구멍으로,
「천상천하유아독존 삼계개고아당안지」
「天上天下唯我獨尊 三界皆苦我當安之」

수직세상 20세기에서 → 수평세상 21세기로,
가족중심에서 → 개인존엄중심으로,「天사랑&소통地&人본성19」

좌우평등은 자유해탈본성이니
  곧 부모와 아들·딸은 모두 자유·평등으로 하나로다.

상하평등은 자유해탈본성이니
  곧 윗사람과 아랫사람은 모두 자유·평등으로 하나로다.

후덕한 자궁수구멍을 변화하면 생명나무로 탄생에 이르네...
그렇지 못한 아집·고집덩어리는 「天火」도깨비불이 내려오리
천박한 자궁수구멍은 소멸나무로 죽음에 이르네...

「弓乙」궁을합일 궁으로 태어나서
궁을합일 궁으로 돌아가는 자연「弓乙」이치
  곧 대자연법칙이구나!

「弓乙」우리는 모두 모태자궁으로 태어나서
모태자궁으로 돌아가는 자연「弓乙」이치
  곧 하늘우주법칙이구나!

「乾」하늘 건은 Genesis 창세기 우주피라미드법칙이다.
「坤」땅 곤은 모태마고할멈 마고대성율여시원 하늘법칙이다.
「坎」구덩이 감은 시련·역경으로 고통을 극복하는 자아성취이다.
「離」떼놓을 리는 악을 선택이냐, 선을 선택이냐, 갈림길이다.
「兌」빛낼 태는 선인을 선택한 본성별빛은 해를 품은 달빛이다.
「艮」어긋날 간은 악인을 선택한 악마는 명도명계 멸종이다.

「震」벼락 진은 악인을 선택한 짐승은 비화락지 소멸이다.
「巽」공손할 손은 자연순리를 선택하면 배고픈 인간의 길이다.

닫힌 마음의 불쌍한 중생은 들어라~
나는 누구인가?

너 자신을 알면 나를 찾을 수 있건만
열린 마음을 가지면 하늘우주법칙을 알게 되느니
여전히 아집 · 고집으로 살다가 가면
하늘우주법칙에 「天火」도깨비불이 올까 걱정되는군,
자연재난재해가 계속 가까이 오고 있군,
「天火」도깨비불이
닫힌 마음 중생마음구멍으로 돌아오니
그냥 닫힌 마음구멍으로 있으리까?
닫힌 마음구멍으로 살다가 가리
불쌍하고 가엾으니 어쩌나?
자기 인생은 자신이 책임을 짓는 법.
어느 누구도 내 인생을 대신 살아주지 않지
스스로 깨어나지 못하면
그대로 몸고통, 마음고통, 곧 본능축생으로 돌아가는구나!

근혈학 자궁수구멍 히스테리성 실패연구는
실패좌절감에서 벗어나
부끄러움을 뛰어넘어 새로이 시작하리

이는 성공열쇠를 다시 잡는 희야근혈학 동방박사가 되리

희야근혈학 동방박사는
桓國根穴「一·心治癒」人性·本性圓
한국「마음치유」인성·본성원
악을 다스려 때려잡으리, 선을 다스려 보호하리
인성꽃을 피워서 본성별빛 혼올씨앗사람꽃 세상을 만끽하리
하늘본성의학 대체의학박사는 새로이 시작하리

근혈학 히스테리성연구가 새로이 되리라~
99％실패연구는 1％성공연구로 만족하리
최고보다 최선의 노력으로 정진하리라~
오로지 중생구제로 집중하리
「辰巳慈氏」
진사자씨하늘「人」은 중생을 사랑하리
사랑화살로 중생을 살리니
소통화살로 중생을 구제하니
모두「天사랑&소통地」를 하시어
자연재난재해 극복은 물론 바이러스도 극복하여
미래사회 곧 인공지능스마트시대를 열어 보리
나는 중생구제가 주목적이니
『환국근혈』 동방박사 몫이란?
목적달성을 위해 대체의학박사로 달리고 또 달리니
그 목적달성은

한민족 모두가 깨달음을 얻는 일이네...
　　곧 인성꽃을 피워서 본성별빛 혼얼씨앗사람꽃으로 빛내라~
『환국근혈』 동방박사는
인성·본성을 깨우는 일에 최우선하리라~

우리는 모두
롤러코스터 인생을 마음껏 즐기면서
인생굴곡도 굽이굽이 느끼면서
매일매일 다른 하루를 경험하면서
인생의 참맛을 알아가는 묘미가 행복하네...
널리 인간세계를 이롭게 하는 일이 무엇인가?
나 자신의 깨달음을 넘어
세상 사람들의 깨달음으로 함께 나누니
진정한 행복이 보이네...
두 배로 행복을 만끽하네...
마음감옥에서 벗어나서
나는 마음천국으로 돌아와
세상에 양심의 빛을 뿌리고 싶으니
그 광명태양빛으로 주고 싶더이다.

욕심세상을 양심세상으로 바꾸는 일만 남았소!
탐·진·치에 빠진 중생은 모두 「天火」도깨비불로,
이기적, 이중적 중생은 각종 바이러스, 전염병, 암으로,
　　곧 악을 다스려 「三正天火」도깨비불꽃으로 때려잡으리

곧 선을 보호해서 인성꽃을 피워 본성별빛 혼올씨앗사람꽃으로 드러나리

희야각시꿈은 근혈학『空』꼭! 양심의식합일세상을 이루리라~

하늘열쇠는 땅자물쇠로,「淨土世上」

하늘의 뜻은 정토세상을 만드는 일

곧 마고대성율여시원의 꿈을 이루리라~

『根穴修行 修心修身』

근혈수행 수심수신의 길로 성통공완을 했도다.

Genesis 동이족 창세기는 우주법칙 피라미드이니

하늘법칙 원형인간은 여자구멍10十 음양남녀합일이니

자궁수구멍亞卍 곧 자연법칙十三 선악부부합일이니

亞卍十三弓乙 음양천지인합일이니

곧 양심의식합일이로다.

「以心傳心──天性陰'+人性陽'=天人本性陰陽合一'」
"천성(자궁수구멍)+인성(자아에고)=인성꽃을 피워서 본성별빛"

「善人」선인은 보호, 책임, 존경, 지식, 지혜를 주는 사랑의 에너지

곧 받는 사랑보다 주는 사랑의 행복을 깨닫게 하는 희야씨팔괘로다.

하늘양심열쇠는 땅자궁수구멍자물쇠로 들어오는군,

「無明女」

드디어 무명의 삶에서 벗어나서 "明"밝은 명세상을 이루겠소!

닫힌 마음 짐승녀를 양심의식합일「一心」으로,

자궁수구멍을 바꾸리라~
닫힌 마음이 계속되면 짐승녀는 소멸되는군.
닫힌 마음 악녀를 양심의식합일「一心」으로.
자궁수구멍을 바꾸리라~
닫힌 마음이 지속되면 악녀는 멸종되는군.
어서 빨리 알아차려 하늘의 뜻을 헤아리면 좋겠구만.
아~하~ 멍청해서 깨어나지도 못하니 불쌍하구나!

어쩌나
너무 잘나고 똑똑해서 깨어나지도 못하니 안타깝도다.

「魔陰惡女」
통 안에서 벗어나지 못한 무명의 삶을 어찌 할꼬나?
윤회수레바퀴에서 돌고 돌아
나그네의 삶을 벗지 못한 불쌍한 고아이니
계속해서 사람은 죄업을 짓고 또 짓네...
악업을 계속 짓고 또 소멸되니
불가능한 불쌍한 생명이 되는군.
선업을 계속 짓고 또 지으면 윤회수레바퀴로 도니
가능한 생명나무로 재탄생되는군.
악업도, 선업도, 아닌 중천도이로다.

「中天道」
    곧 텅 빈 공「空」의 세계로 돌아가야 하는군.

음양합일, 선악합일, 중도의 삶이로다.

『根穴空』
    곧 뿌리구멍의 무형세계로 돌아가야 하는군,
자아실현의 꿈으로 목표를 이루어 장인의 길이로다.

『自燈明 法燈明』
    곧 스스로 등불을 밝혀 주체성을 찾는군,
인성꽃을 피워서 본성별빛 혼얼씨앗사람꽃 형이상학으로,
춤진리를 따르면서 등불을 밝히는 길이로다.

하늘은 공(空)의 무형세계로 보이지 않는 세상이니
    곧 형이상적인 텅 빈 본성구멍이지
땅은 기(氣)의 무형세계로 보이지 않는 세상이니
    곧 형이상적과 형이하적인 텅 빈 마음구멍이지
사람은 색(色)의 유형세계로 보이는 세상이니
    곧 형이하적인 텅 빈 몸구멍이지
『色卽示空空卽示色』
하늘의 형이상학을 어찌 알까?
땅의 형이상학과 형이하학에 집중하는가?
사람한테 형이하학도 있지만 형이상학도 있구나!
사람은 하늘기운「空」이 함께 존재하도다.
사람은 땅기운「氣」도 함께 존재하도다.

하늘과 땅의 조화된 완성품이 사람이구나!
땅의 기운은 하늘의 텅 빈 공「空」을 따라가는 이치구나!
그러니 사람은 대자연우주법칙을 따르는 하늘이치로다.

하늘이치는 대자연법칙으로 하늘우주법칙이라~
하늘우주법칙은 천벌(天罰)이 있는데,
"마음구멍을 속이지 말라!"
"사람은혜(恩惠)를 저버리지 말라!"
"남을 잘되게 하라!"
   곧 **「天사랑&소통地」** 하지 않으면 고통이 따르도다.
「人본성19」 를 찾는 길이 참다운 사람의 길이로다.
이를 따르지 않으면
하늘우주법칙에 따라 「天罰」하늘의 벌을 받느니라~

   엄청난 업보청산을 어찌 할꼬나?
그 죄업을 갚기 위해 지구에 또 태어났소!
많은 인과법칙에 적용해서
선의 씨앗은 물론 악의 씨앗도 발생했으니
그 악의 씨앗을 갚기 위해 지옥생활이 시작되었군.
그곳은 지옥 같은 지구에서 인생이 시작되었구나!
나는 네 번의 윤회로 성통공완의 길이 주어지니
그 바른 춈진리로 세상을 이롭게 하는 일이 타고났네…
이는 양심의식합일로 세상을 바꿔라~
하늘말씀이구나!

첫 번째 윤회는 기생의 길이구나!
두 번째 윤회는 첩여자의 길이구나!
세 번째 윤회는 미혼모 동반자살이구나!
네 번째 윤회는 용인이씨35세손 대체의학박사구나!

   마지막 윤회의 길로서 나는 참된 나를 찾아야 하니
참나 본성과 함께 하늘의 뜻을 이루고 가야 하는 이유구나!
나는 1972년 6월 17일 辰巳之生 쥐띠로 태어난 龍仁李氏 경희는
용인이씨35세손이니
希野李京俙 대체의학 동방박사로 태어났도다.

   전생업보를 풀고 가야 하는데, 어쩌나?
나는 세 번의 윤회를 거쳐 네 번의 윤회는 소멸에 이를지...
정신을 차리고 보니 멘탈붕괴로 돌아오네...
네 번의 윤회에서 대체의학 동방박사 임무로 완수한다면
더할 나위 없이 좋겠구만, 『桓國根穴意通』
『환국근혈의통』으로 성통공완 완수해야 하건만
   곧 하늘고향으로 돌아갈 수 있구나!
아~하~ 하늘아버지가 보고 싶도다.

천지부모 품속으로 들어가 하늘고향에서 편히 쉬고 싶으니
하늘고향집에서 싱그럽게 산새와 놀고,
하늘고향집에서 맑은 물소리를 듣고,
하늘고향집에서 자연의 냄새로 맡고,

마음구멍의 평화를 느끼고 싶도다.

지구에서 대체의학 동방박사의 몫을 못하니
하늘고향을 돌아가는 일이 멀고도 험한 길이네...
아~하~ 하늘고향이 왜 이리 멀게만 느껴지는구나!
그렇게 쉽게 가는 길이 아니군.
어떻게 하면 쉽게 가는가?
그렇다면 쉽지 않은 길을 어떻게 하면 가겠는가?
넓은 길로,
어느 길이 진실성 바른 길인지
좁은 길로,
어느 길이 양심성 바른 길인지
이곳저곳을 보아도 의통(意通)시대를 열 수 없으니
　　환국근혈의통을 어찌 하나?
『桓國根穴意通』
『환국근혈의통』은 하늘의 광명태양빛으로 본성치유이건만
『환국근혈의통』은 사람을 『天사랑&소통地&人본성19』치유이건만
부드럽게 본성별빛으로 자연치유해야 하는데.
마음구멍 한국마사지는 하늘의 빛이니
하늘의 빛은 자연치유 광명태양빛이니

본성별빛 의통치유는 무엇인가?

동이족의 얼이 담긴 뿌리구멍

곧 근혈학, 한민족역사인 고조선 뿌리구멍 "根穴"
『意通治癒』
하늘본성의학 희야씨팔괘 음양합일로, 한마음치유구나!
하늘우주법칙에 따라 대자연법칙으로 순리치유구나!
마음healing구멍(4)
한국마사지(5)
자연「根穴근혈」치유「空」(6)
혼올씨앗사람꽃(7)
근혈학(3)고조선의 뿌리구멍(8)
희야음양합일오도송(9)
『天사랑&소통地&人본성19』를 찾아주는 자연치유로다.

지금의 현대의학은
인간을 독한 화학약물로 치료하니 잔인하구나!
불쌍한 세포를 어쩌나?
인간을 잔인한 수술로 치료하니 독하구나!
가엾은 세포를 어떻게?
인간을 짐승악인처럼 치료하니 안타깝구나!
어리석은 세포를 어찌하나?
아~하~ 불쌍한 중생이여! 독하도다.
아~하~ 가엾은 중생이여! 잔인하도다.

현대의학 화학약물, 공격수술과 달리
하늘본성의학 근혈학은

인성꽃을 피워 본성별빛 혼올씨앗사람꽃이니
사랑치유로, 소통치유로, 본성별빛치유로,
　　곧 하늘우주빛으로 자연치유하니
기혈경락을 풀어주는 차크라구멍, 오로라구멍, 마음healing구멍, 근혈치유로,
　　곧 광명태양빛으로 자연치유하니
에너지상생순환으로 풀어주는 마음healing구멍 치유하네…
　　곧 혼올씨앗뿌리구멍 양심본성으로 다스리는 자연치유로다.

양심의식합일 「人命在天」치유란?
인명재천에 따라 자연순리를 맞추어
자연법칙과 하나 된 마음healing구멍 치유이지
하늘법칙에 의해 양심의식합일 치유하는 것이지
근혈학 연구박사로, 하늘을 알면 참나를 찾는구나!
양심선인세상을 만들어야 하건만
양심선인세상을 어떻게 해야 하나?
양심선인의 길이 그리 어려운가?
호모사피엔스사피엔스에서 호모데우스 전환하니
하늘을 닮은 인간이 양심선인이라~
　　곧 자연을 닮은 인간이 되는 길은 바로~~~
하늘고향으로 돌아가는군,
그러면 후덕한 본성세상을 만드는 일이 무엇인지
널리 인간세계를 이롭게 하는 일은 바로~~~
　　곧 양심의식합일이건만,

주어진 내 박사인생이 무엇인가?
홍익인간의 길을 깨닫게 되었네...
아~하~ 하늘프로그램이 깔려 있구만,
그 프로그램은 양심의식합일세상을 만드는 일이며,
수많은 사람들을 깨우는 일은
양심의 꽃을 피우게 하는 일이 주어지게 되었네...

어쩌나

「希野根穴」희야근혈 개박사는
하늘숙제를 해야 하건만
그 하늘숙제가 쉽지 않구나?
『性通功完, 성통공완, 자아실현』
전생! 기생, 첩, 미혼모의 삶
    곧 짐승악인의 스승인연 덕분에 알았네...
현생! 아집 · 고집 어리석은 탐 · 진 · 치의 삶
    곧 짐승악인의 스승인연 덕분에 알았네...
전생 · 현생에 지은 죄업을 용서하소서!
선악의 업보청산을 하도록 도와주소서!

"악의 씨앗의 악의 열매를 알아차리니
 선의 씨앗의 선의 열매를 맺으리오."

「中天道」전생·현생 인연을 모두 청산하고 싶으리
인과고리에서 벗어나서
연기자유를 얻고 싶으리
전생인과... 모두 끊고 싶소!
현생인과... 모두 끊고 싶소!
전생·현생인과를 자비심으로 내려놓으리라~
대자유해탈 본성별빛으로 드러나고 싶으리라~
「根穴空」
「근혈공」선연도, 악연도, 짐승연도 모두 내려놓으리
대체의학 개박사 곧 동방박사로 새롭게 거듭나겠소이다.

하늘아버지이시여! 고맙습니다.
마고어머니이시여! 감사합니다.
선·악·짐승인연이시여! 사랑합니다.
본래성품을 통달해서 공로를 완전하게 이루도다.

　　곧 성통공완의 자아실현길이 바로~~~
인성꽃을 피워 본성별빛 혼올씨앗사람꽃으로 밝히는 하늘과제이니
하늘과제가 대체의학 동방박사한테 주어진 이유로다.

환국근혈 동방박사는
지구로 별똥이 떨어져 숨도 쉴 수 없을 만큼...
힘든 곳에서 많은 공부를 하기 시작했도다.

환국근혈 동방박사가 지구에 태어난 이유가
100% 활짝 핀 인성꽃세상을 만드는 일인데,
50% 인성꽃세상을 만드는 일이 아니오라
100% 인성꽃세상을 만들어 본성별빛으로 빛내는 일이지
그래서 짐승악인 동굴 속으로 떨어졌네...
근혈학으로 함께 가는 「三人一心」 저자도 한마음하지 못하니
세 사람이 한마음으로 가는 일이 힘들구나!
아~하~ 나는 사람을 바르게 보는 눈이 없었네...
장님의 눈으로 보지도 못했으니 바른 눈이 없이 살았네...
좁은 결막염 눈구멍으로 세상을 보니
망치로 맞은 기분이네...
옹졸한 중이염 귓구멍으로 세상을 들으니
장애자가 된 마음이 들었네...
답답한 비염 콧구멍으로 세상을 맡으니
눈총을 받은 천덕쟁이가 되었네...
온전하지 못한 구내염 입구멍에서 바른 소리를 어찌 하겠는가?
아무리 바른 소리를 해도 믿지 않는 것이 바로~~~
　　곧 나 자신의 탓이네...
大德, 大慧, 大力의 부족한 탓이로다.

「大德」 대덕의 큰 덕이 있어야 하오,
「大慧」 대혜의 큰 지혜가 있어야 하오,
「大力」 대력의 큰 힘이 있어야 하오,

삼신일체사상으로 하늘에너지가 필요한 이유겠지
하늘마고신이 도와주는 일이 세상을 바꿀 수 있구만,
그 마고할멈의 감동이 부족하니
삼신할멈의 감동을 만들어야 양심선인세상을 바꿀 수 있으니
그 하늘감동의 움직임은
몸하나로,
마음하나로,
본성하나로,
변화시키는 일이지
3에서 1로 한마음이 되면
「苦痛」고통도 인지 · 인식 · 인정으로 수용하리
「執着」집착도 인지 · 인식 · 인정으로 수용하리
「滅道」멸도는 받아들임으로 내려놓으리

환국근혈 동방박사연구는 성취되리라~
이중적인 말로 중생교화는 성공할 수 없는 법을 깨닫는구나!
당연히 중생들이 믿지 않는 것도 깨달음을 얻는 이치로다.

    근혈학(3)고조선의 뿌리구멍(8) 성통공완을 어찌 할꼬나?
우정성자는
천박한 자궁수구멍에서 이기적 구멍을 탈피하지 못하네...
얼빠진 굴속 짐승녀 · 악녀
아~하~ 솥뚜껑운전 가정부가 있구나!
얼이 깃든 굴속

얼굴은 마음구멍이 드러나는 곳이니
그 얼굴에서 마귀악마군단이 보이네...
골이 텅 빈 두개골을 갖고 있으니
멘탈붕괴 짐승녀 · 악녀도 또 있구나!
마음구멍을 채우지도 못하면
짐승남편은 짐승으로 영혼소멸이 되는군,
아~하~ 짐승녀 가정부는 깨어나라~
머리카락이 뭐라~
서울미용실에서 하면 무엇이 다른가?
금줄머리카락이 되나!
시골미용실에서 하면 큰일 나는고,
겉몸으로 허세를 떨지 말아라~
속 빈 강정으로 살면 어찌 되는지 아는가?
속마음구멍은 허접한 짐승녀 가정부인걸,
겉만 있는 척하는 짐승녀 가정부이라~
속마음구멍 내실이 충만하다면
겉치레 서울미용실도 가능한 터,
속마음구멍은 Dog보다 못한 질량을 갖고 있구나!
Dog보다 못한 중생이 어디 있는가?
그 중생은 생을 마감하면
짐승보다 못한 Dog중생으로 살았기 때문에
축생의 길로,
영혼소멸로,

다시는 인간으로 환생은 불가능하구나!
겉치레 치중보다 내면집중으로,
속 빈 강정 마음구멍을 보거라~
질량을 높여야 하느니
질량은 저주파보다 낮은 짐승녀 가정부이면서
어찌 겉모습을 꾸미는가?
틀어진 골반은 마음구멍이 완전 틀어진 상태구나!
마음구멍 에너지원을 채워야 하건만
겉데기 집중하면서 허접하게 사는가?
아~하~ 불쌍한 짐승녀 가정부이로다.

$E(에너지) = mc^2$ (질량 + 광속)
$\quad\quad c^0(광속) = 3 \times 10^8 m/sec$
$\quad\quad c = f \cdot \lambda (주파수 \cdot 파장)$
$\quad\quad f \cdot \lambda (주파수 \cdot 파장) = 고주파동 + 중주파동 + 저주파동$

짐승녀 · 악녀 가정부 곧 닫힌 마음구멍 Dog중생이니
슬기롭지 못한 Dog슬기Dog
천박하리
지혜롭지 못한 Dog슬기Dog
혼탁하리
진실로 진실로 Dog대박Dog처럼
현명하게 살면 좋겠소!
Dog슬기와 Dog중생은 함께 축생의 길로,

곧 영혼소멸이 다가오는군,
하늘의 벌이 가까이 오고 있구나!
어두운 먹구름이 서서히
짐승녀·악녀 Dog한테 천둥번개로,
곧 태풍바람이 거세게 치는군,
골이 텅 빈 짐승녀·악녀 가정부는 천벌이 다가오는군,
「天罰」천벌이 뭘까?
정신빙의가 든 머리구멍이라~
곧 머리구멍에 병이 든 귀신빙의 「魂」치매로 다가오네...
짐승녀·악녀 가정부는 2021귀신빙의로,
재산·재물 「蕩盡」탕진이 시작되니

어쩌나

그렇게 대자연재난재해를 피하기 위해
하늘본성의학 하늘일꾼을 보냈으나
결국 희야각시를 밀고 또 밀어내니
복을 찬 짐승녀·악녀 가정부이구나!
희야씨팔괘는
Dog중생을 살리고 싶은 마음에 가까이 접근했으나
짐승녀 가정부는 눈치코치도 없는 Dog이니
Dog슬기는 복을 차는군,
행복은 멀리멀리
불행을 자초한 Dog 서서히

처참한 Dog슬기인생이 되었네…
희야씨팔괘는 그렇게 말을 했건만
그리도 알아차리지 못하니
이젠 희야씨팔괘는 포기하리오.
"希野여자가 한(恨)을 품으면 오뉴월에도 서리가 내린다."
대자연 하늘우주법칙께 맡기리라~

짐승녀·악녀 가정부 생마감은 마무리될 터
「恥部」치부를 몽땅 드러내는 삶이 곧 다가오는군.
미리미리 마음구멍 치부를 알아차려
참회하리…
자신을 돌아보는 반성을 했다면
    곧 대자연 하늘우주법칙은 용서했으리
여전히 반성도 없이,
아직까지 참회도 없이 겉데기 허세로 사니
대자연 하늘우주법칙의 매운 천지심판을 받겠소!

「辛丑年2021」대자연 하늘우주법칙의 천지심판을 아는가?

    곧 짐승녀·악녀 가정부는 영혼소멸이 되리라~
짐승녀·악녀 가정부는
마지막 기회를 놓치고 말았소!
그 기회도 없이
자신의 치부를 세상 밖으로, 곧 노폐물 배설을 하겠소!

마음구멍으로 억압하고 감추었던 치부를...
얼굴은 이중가면 쓴 짐승녀 가정부로 살았군,
손바닥으로 얼굴을 가린다고
마음구멍 쓰레기가 보이지 않는가?
　곧 마음구멍 쓰레기는 밖으로 버려야 하건만
그 쓰레기는 마음구멍에서 벌레로 가득하니
결국에는 밖으로 분출하기 위해
얼굴로 드러나는 법.
미리미리 마음구멍 쓰레기를 알아차려

참회하는 자세가 하늘우주법칙.
반성하는 자세가 하늘우주법칙.

바른 행동이「正道」정도최선책이구나!
머리구멍으로 올라와 화산폭발 하듯이
그리하여 마음구멍 쓰레기를 버리게 되는 이치.
대자연이치로 하늘우주법칙이구나!
　곧 자연재난재해로 치부를 드러내니
이젠 짐승녀·악녀 가정부는 구제불능으로,
아~하~「自暴自棄 無生命」무생명 마네킹으로 살았군,
자포자기 무생명 Dog슬기인생이니
대자연 하늘우주법칙의 심판이 돌아왔소이다.

아~하~ 불쌍한 짐승녀 · 악녀이니 어리석은 중생이구나!

「天地希野根穴空淨眼波見桓仁易」

운동하고 있는 물체의 질량은 속도의 함수이니
정지 상태에 있는 질량을 정지질량 m이니
그 에너지 c는 진공 중의 광속도 관계를 유도하니
에너지질량법칙에 따르도다.

운동하고 있는 사람의 질량은 속도의 근육이 힘이니
정지 상태에 있는 질량을 이완과 수축을 통해
그 에너지 빛을 주파수와 파장으로 전파하리
전파된 빛의 속도는
공기 중의 저주파, 중주파, 고주파관계로서 유도하니
파동에너지질량을 최대한 높이는
인체가 자연치유력으로 성공에 도달하게 되건만
음양조화의 건강을 되찾게 하리라~

겉데기 몸은
죽으면 한줌의 흙으로 돌아가는 법.
아무리 치장을 해도
흙으로 돌아가는 이치로구나!
마음구멍 본성은 「不生不滅」
불생불멸로서 영원한 생명으로 돌아가는 법.
죽지도, 살지도 않는 「中道」중도의 삶이구나!

쓸데없이 짐승녀 · 악녀 가정부 몸에 집중하지 말거라~
짐승녀 · 악녀 가정부는 마음구멍을 보거라~

몸과 마음구멍이 하나로,
한마음「一心本性」균형이 맞으면
「陰陽合一」
음양합일 곧 균형이 있는 삶이 되는 법.
그러면 「庚金」경금이 되지 않겠나!
불밥을 짓는 짐승녀 가정부
불밥은 원한 맺은 귀신「魂」혼이 마음구멍에 있네...
천박한 마음구멍이 있는지 왜 모르는가?
그 불밥이라~ 짐승남편을 주면 어찌 되노,
짐승녀 · 악녀 불밥 때문에
짐승남편의 몸은 에너지순환이 되지 않소!
진짜로 중요한 것이 무엇일까?

생각을 해 봐라~

서울미용실에서 머리카락은 중요한 게 아니라
오직 마음구멍 내실을 채워라~
마음구멍 충전이 곧 남편도 사는 길이네...

어쩌나

마음구멍에 도둑이 사는지도 모르니
그 도둑한테 마음구멍을 몽땅 빼앗기니
정신빙의로서 히스테리성이 있네...
hystera 원한이 가득한 혼「魂」으로 그득하오.
또 다른 「魂」혼이 사는지도 모르니
자신의 중생혼도 없이
수많은 귀신「魂」들이 마음구멍에서 살고 있으니

어쩌나

바로~~~ 마음구멍으로 들어가서
귀신의 혼「魂」을 알아차리는 일이 시급하오.
귀신의 혼「魂」과 사는 짐승녀 가정부이네...
여전히 몸에 집중하니
답답하리
무엇이 더 중요한지
자신의 마음구멍에 귀신「魂」을 잡는 일 곧
마음구멍에 집중해서 도둑을 잡아야 하오.
　　곧 마귀악마군단을 물리치는 일이 시급하지 않나!
어리석은 「無明」어둠을 어찌할꼬?
멍청한 짐승녀 · 악녀 가정부는 정신 좀 차려라~

짐승녀 · 악녀 가정부 곧 정신빙의 히스테리성

한벗성자는
천박한 자궁수구멍에서 이중적 구멍을 탈피하지 못하네...

석가모니 부처님처럼 홀로 가는 길로 자유해탈하리
『**배고픈 인간의 길**』의 뜻은 스스로 자아존중을 밝히는 길이니
「우정체」로 양심세상을 빛내리
『**흔올씨앗사람꽃**』의 뜻은 스스로 자아실현을 밝히는 길이니
「우정체」로 양심세상을 빛내리

석가모니 부처님처럼 홀로 가는 길로 자유해탈하리
『**마음이 부자인 집**』의 뜻은 스스로 마음만족을 밝히는 길이니
「한벗체」로 양심세상을 빛내리

아~하~「三人一心」세 사람이 한마음"근혈학"을 갖는 일인데,
『환국근혈의통시대』로 자유해탈을 얻으리
『**希野根穴意通時代**』
황홀경에 빠지는 그날이 그립도다.

「良心仙人花」
양심선인꽃을 피우는 길이 바로~~~
대체의학 개박사 할 일「良心仙人花」이건만
　　지구 정토(淨土)세상을 어찌 만들까?
인성꽃을 피워서 본성별빛으로 빛내라~ 주체성 곧
양심의식합일 세상이구나!

하늘과제를 이루고 가는 길이 바로~~~
개박사꿈이로다.

「良心仙人花」대체의학 동방박사는 「苦執滅道」고집멸도가 되리
무의식속 상처받은 아이마음을 느껴 보니
"나는 죽었습니다."
"죽을까 봐 두렵습니다."
"낙태 당할까 봐 무섭습니다."
"아~하~ 수치심으로 부끄러움이 많은 아이구나!"
"나는 죽음을 곧 받아들인다."
"나는 무시를 당한 희야경희구나!"
"나는 무시 때문에 모두 집착했습니다."
"집착으로 인해 인정받기를 원했습니다."
"인정받고 싶어서 억지로 살았습니다."
"억지로 산 삶이 고통이 되었습니다."
"고통수레바퀴에서 벗어나지 못했습니다."
"자유를 찾지 못한 나로 살았습니다."
"나답게, 당당하게 나 자신을 안아주지 못했습니다."
"희야경희를 사랑하지도 않았습니다."
"무의식hystera 마음감옥에서 살았습니다."
"hystera히스테리성으로 묶여 힘들게 살았습니다."
무의식 속 낙태아이,
무시당한 무의식아이,
버림받은 무의식아이,

사랑받지 못한 무의식아이,
인정받지 못한 무의식아이,
수치스런 무의식아이,
무서워하는 무의식아이,
두려워하는 무의식아이,
불안으로 사는 무의식아이,
초조한 마음으로 사는 무의식아이,
근심걱정으로 사는 무의식아이,
모두 인지로, 인식으로, 인정해서 수용하리
　곧 개박사「良心仙人花」가 자유해탈을 얻으리
내가 지구에 떨어진 이유를 이제야 알았도다.

수많은 짐승인·악인들 전쟁터로 떨어졌네...
술주정폭군집안으로 홀연히 태어났네...
내면의 시끄러움을 안으면서 살았네...
혼탁한 세상에서 시끄럽게 정신없이 살았네...
짐승인·악인 전쟁터에서 선한 양심씨앗을 풀기가 왜 이리 힘든가?
이리도 어렵고 답답하네...
매우 힘들고 힘드네...
소통되지 않는 불통세상이 역겹고 구토가 나오네...
박사생의 꿈을 짓밟은 지도교수를 보려니
역겨울 정도로 소화불량이 자주 드러나네...
지도교수를 생각하면
급체로써 밥을 먹을 수 없을 정도이니

구토로써 지도교수를 잊고 또 잊으려고 했지만
무의식 속 지도교수는 없어지지 않는군,
짐승녀 · 악녀는 「hystera」자비심으로 내려놓으리

지도교수를 버릴 수 있는 힘은 나를 인정하는 일이네...

나를 인식하는 일이 자신을 수정할 수 있네...
나를 수정하는 일이 나 자신의 주체성을 찾는 길이네...
지도교수에서 벗어나는 일은
그 지도교수를 투사로써 나를 돌아보는 것이네...
참으로 나는 지도교수와 동일시로 드러났으니
나 자신의 자괴감은 물론 지도교수 성품을 보고 나니
나를 반성할 수 있는 계기가 되었군,
닫힌 마음구멍을 열어 열린 마음구멍으로 세상을 보니
또 다른 양심세상이 훤하게 드러났도다.

짐승녀 · 악녀를 보면 살결이 실룩실룩 떨리니
이중가면을 쓴 이기적인 짐승녀 · 악녀를 보니
60조 세포와 6006혈 기혈자리가 몽땅 막히는군,
후들후들 짐승녀 · 악녀 목소리를 들어도,
이중적 가면이라 미쳐버리겠소!
바들바들 짐승녀 · 악녀 행동을 보아도,
이기적 가식이라 돌아버리겠소!

「氣」기가 막히니... 코도 막히니...

화들짝 놀랄 만큼 마귀·악마로 보이는 짐승녀·악녀구나!

마귀악마군단과 사는 짐승녀·악녀를 어찌 구할꼬?
짐승녀·악녀 솥뚜껑운전 가정부를 어찌할까?

벽창호 가정부는 닫힌 마음구멍을 열어라~
쇠귀신 가정부는 닫힌 마음구멍을 열어라~

어두운 동굴에서 벗어나지 못한 짐승녀·악녀는 불쌍하리
닫힌 마음을 여는 일이 이렇게 어려운 길인가?
이기적인 안일한 생각 때문에 혼탁한 세상이 되는군.
그 천박한 세상이 많은 석·박사를 짓밟는구나!
지금의 대학원 석·박사교육은
지도교수한테 납작 엎드리는 세상인지라~
지도교수 입맛에 맞히는 자는 무사히 졸업하니
이는 바른 길이 아니구나!

갑질교수가 합당한가?

지도교수한테 잘 보이면 졸업하니
지도교수한테 찍히면 졸업은 하지 못하니
이런 세상이 어찌 자유평등세상이라 말하는가?
아~하~ 나는 박사과정에서 많이 깨달았도다.

박사생이 비싼 학비로 입학한 이유는
나 자신의 성장발전은 물론
연구테마의 꿈을 갖고 시작했건만
자신의 연구로 학문정립을 하지도 못했으니
한스러우니 살맛이 나지 않는군,
박사생의 연구를 인정해 주는 지도교수가 없으니

박사생의 연구를 도와주는 지도교수가 어디 있는가?

박사생의 꿈을 이루기 위해 입학을 했으나
그 꿈은 이루지 못한 채
지도교수 맞춤에 따라 박사졸업장을 받았구나!
박사졸업장은 무용지물이군,
아무 쓸모없는 박사졸업장이네...
개탄스럽도다.

지도교수를 빛나게 하기 위한 가짜논문이구나!

그 박사생 논문은 지도교수 실적에 보탬이 되었네...
조교수에서 부교수 그리고 정교수를 만든 논문이 되었네...

누구를 위한 박사논문인가?

약육강식 지도교수를 위한 박사논문이네...
박사생 논문을 갈취해서 지도교수 승진이 바른 길인지
모르겠소이다.

아~하~ 대한민국 정부는 무엇을 하는가?

어찌 「非良心」비양심 욕심인간이 판치는 세상이 될꼬?
양심세상은 일취월장으로,
「日就月將」날로 달로 진보로 발전하는 양심인간이건만
해를 품은 달로, step by step
최고보다 최선을 다하는 양심세상이 그립고 그립도다.

최선을 다해 노력한 사람한테 공평하게 주어지는 일이
　　곧 양심의식합일「良心意植合一」세상이 아닌가?
「無用之物論文」
현실은 박사생 연구를 이루지 못한 것이 곧
현실 교육업계라는 사실이니
지도교수 자리를 지키기 위한 대학원 공부구나!

누구를 위한 대학원인가?

대학원은 박사생 꿈을 성장하기 위한 것이 아닌가?
어찌 지도교수 자리를 굳히기 위해
박사생을 또 이용해서 지도교수가 승진하는 일이

바른 길인지
욕심 길인지
이것 또한 스승이 제자를 위한 교육이라 하겠는가?
대학원 학교는 이익집단 교육사회가 아니오라
대학원 학교는 제자의 꿈을 심어주는 교육사회 곧
변화하면 좋겠소!

과연
인성을 중요시 여기는 대학교 · 대학원 학교가 얼마나 있을까?
이기적인 대학교 · 대학원
지도교수 출세 · 승진을 위한 대학교 · 대학원
학생의 꿈을 심어주는 대학교 · 대학원이 보고 싶도다.

아~하~ 박사과정 공부시간은
갑질세상인고,
    곧 지도교수세상인고,
지도교수 연구실적을 위한 이기적세상은 싫소!
이젠 그만!
이기적 욕심세상은 멀리멀리 가라~

대한민국정부이시여!

「非良心」비양심 교육사회에서 「良心」양심 교육사회로,
박사생 연구가 존중받는 세상이 그립도다.

지도교수 마음대로 움직이는 중생괴물세상이네...
박사생의 연구를 도와주는 지도교수가 아니라
지도교수의 자리를 지키기 위한 약육강식 학교를 깨달았네...
「弱肉强食」
약한 자가 강한 자에게 먹힌다는 뜻으로,
강한 자가 약한 자를 희생시켜서 번영하니
약한 자가 강한 자에게 끝내는 멸망을 이르니
약한 박사생의 꿈은 멀어지는구나!
멀어진 박사생의 꿈은
「無用之物」
무용지물 박사졸업장을 받은 후
박사학위 이후 6년을 또다시 연구공부해서
박사과정 때 이루지 못한 것을 박사 꿈을 이루는구나!
박사과정에서 꿈을 이루는 사람도 있는 반면에
그렇지 못한 박사도 있다는 사실이네...
박사 후 2015, 2016, 2017, 2018, 2019, 2020, 2021년 연구
　　곧 나는 근혈학『空』연구를 정립했도다.

"모든 것이 인연 덕분이도다."

지식과감성# 덕분에 꿈을 이루게 되니
감사한 마음을 전하고 싶구나!
필자의 소망이 있다면
대학원 박사생의 시간절약을 도와주리

자신만의 연구를 도와주리
돈낭비를 절약하는 연구로 도와주리
심도 있는 연구를 기대하면서
양심선인꽃 세상도 함께 기대하리
그러나 지금 현실은
그렇지 못한 짐승인 · 악인 지도교수 판이구나!

대체의학 희야씨팔괘 근혈학 동방박사는
약한 자를 도와주면서 제자의 꿈을 도와주고 싶구나!
그런데 지금의 세상은 그렇지 못하니
어쩌나
욕심세상을 양심세상으로 변화하고 싶으니
지금의 세상 속에서 양심세상을 바꿔야 하건만
나한테 크나큰 하늘숙제를 주시니
과연 그 능력이 될꼬나?
「認知 → 認識 → 認定 → 受容받아들임」
「認知」인지하고 보니
「認識」인식해서 보니
「認定」인정하게 되니
「受容」결국 수용되니
받아들임으로 나를 돌아보니
참회는 물론 반성으로 돌아보는구나!

「逆行」역행의 삶에서 「順行」순행의 삶으로,
하늘이치를 따라 바른 삶이 되리라~

하늘역사의 움직임은 천박한 땅 청소이니
인간대청소구나!
    곧 물청소하리
    곧 불청소하리
음양법칙에 따라 남자는 하늘, 여자는 땅
    곧 음양합일이 사는 길이구나!
짐승녀와 합일하면 짐승인으로 소멸하네...
악녀와 합일하면 악인으로 멸종하네...
선녀와 합일하면 선인으로 생명존엄성이네...
여기서...
인간 땅 구멍은 자궁수구멍이니
하늘마음구멍은 자궁수구멍을 훤히 들여다보시니
마음구멍을 속이지 마라~
사람은혜를 저버리지 마라~
남을 잘되게 하라~
    곧 소통하지 않으면 고통이 따르는 하늘법칙이 있도다.

하늘구멍은 땅구멍을 청소하시니
조속한 행동으로 나 자신을 보호하니
생명나무로 새롭게 탄생하네...
하늘움직임을 피해

새로이 시작하리 바로~~~ 생명나무로 탄생하는구나!
짐승녀 남자(남편)는 홀로 가는 길로,
악녀 남자(남편)는 홀로 가는 길로,

세상이 혼탁하니 어째~
아~하~ 짐승인·악인 세상이 물질문명의 결실인가?

닫힌 마음 짐승녀를 바꾸는 일이 왜 이리 힘든가?
닫힌 마음을 열면 어두운 세상이 바로~~~
밝은 세상으로 색다르게 보이네...

닫힌 마음 악녀를 변화시키는 일이 이렇게 어려운가?
닫힌 마음을 다르게 생각하면 바로~~~
또 다른 밝은 세상이 환하게 보이네...

根穴「空」學「虛空中天道」
선천도 세상에서 후천도 세상으로,
선천도 태양빛에서 후천도 달빛으로,
태양빛 남자에서 달빛 여자세상으로,
남자 양기에서 여자 음기세상으로,
해를 품은 달이 되는 밝을 명(明)세상으로,
日 → 月 → 明 밝은 양심의식합일이 음양합일로,
　　곧 중천도 「眼波見桓仁根穴」 음양합일 세상으로,
음양합일 세상이 양심의식합일 희야씨팔괘「根穴」로,

희야씨팔괘는 자연『根穴』치유 양심의식합일세상으로,

「天桃仙家」세상이 뭐라~

하늘나라에 있는 복숭아구나!
선녀들이 먹는 복숭아 과일이네...
착한 마음구멍에 복을 내리는 선녀과일이네...
악한 몸구멍은 주지 않는 과일
    곧 선한 몸구멍에 주는 과일
탁한 마음구멍은 주지 않는 과일
    곧 청한 마음구멍에 주는 과일
천박한 본성구멍은 주지 않는 과일
    곧 후덕한 본성구멍에 주는 과일
악한 마음구멍은 불행을 내리는 악녀천벌이네...
짐승 마음구멍은 지옥을 내리는 짐승천벌이네...
짐승녀 · 악녀구멍에서 선녀구멍으로 바뀌면
    어떤 세상인가?
천박한 자궁수구멍「hystera」에서 바뀌면
후덕한 자궁수구멍「hystera」 양심세상이니
후덕한 자궁수구멍은
하늘을 닮은 인간이 되는 세상이라~
하늘을 닮은 인간은
자연을 닮은 인간이 되는 세상이라~
하늘사람이 자연을 닮은 인간으로 세상을 변화시키리라~

    곧 양심선인세상으로 밝은 세상이 되는구나!
    곧 선녀과일을 먹는 감로수가 되는구나!
    곧 해를 품은 달빛으로 드러나는구나!
음양합일 보름달타령이 있도다.

《신선지 작사, 오영원 작곡》 "달타령" 인용문에서
「東夷族『桓國根穴』韓民族」 인용문으로 그대로 보이네...
아~하~ 근혈학(3)고조선의 뿌리구멍(8) 3×8=24한민족통일이니
삼팔선 음양합일『日양 → 月음 → 明양음』남녀부부통일이니
    곧 하늘뿌리구멍『桓國根穴』이라오,
동이족『桓國根穴』이 하늘아버지로 보이니
환인태초뿌리이시여!
한민족 한국「古朝鮮」이 겁나게 드러나니
환웅뿌리아버지이시여!
삼팔목도(三八木道) 곧 환의 나라『桓國』이로다.

환인뿌리구멍은
안파견환인나라『桓國根穴』이구나!
환웅신시구멍은
배달민족나라『倍達國』이구나!
아사달「日양月음=明양심의식합일」박달나무 군주로다.

「日」해를 품은 달『陰陽』 → 「月」달28주기 자궁수구멍 → 음양합일

庚子2020년 이후 하늘뿌리구멍『桓國根穴』이 오시니
악을 다스려 때려잡으리 곧 선을 보호하리
짐승악인! 닫힌 자궁수구멍은
지구세상 밖으로 소멸퇴출시키리
짐승악인! 이기적, 이중적 나라는
우주세상 밖으로 멸종파괴시키리
선인! 열린 자궁수구멍이
후천시대를 넘어 중천시대로 살아남으리

밝은 양심의식합일『天上帝女希野』는
『日月明』해를 품은 달이니
이상한 나라 희야토끼는
마고대성율여시원이니
반달토끼에서
보름달 양심38의식합일 세상으로 돌아오리
박달나무 군주 단군세상이
38음양합일 남북통일로 돌아오리
　　『元始天尊 → 原始返本 → 良心意植合一』
원시천존『日』에서
원시반본『月』보름달로 돌아오리
보름달은
선악합일을 품어 음양합일로 드러나리

「善人」선인은 수용하면서 사랑하리
나는 용인이씨 뿌리구멍을 수용하면서 사랑하리라~
「惡人」악인은 받아들이면서 용서하리
나는 악연의 인과 · 연기를 받아들이면서 용서하리라~
「因果 · 緣起」
음양합일로 드러난 슈퍼문「桓國根穴」
환국근혈로 탄생하리
Supermoon-Esther-Esthetic 큰 보름달이로다.

먼저 인간쓰레기 청소는 어떻게 치우는가?
『天地希野根穴空淨眼波見桓仁易』

① 준대로 받는 하늘법칙
첫 번째로,
선의 씨앗은 선의 열매로 주는 하늘법칙.
두 번째로,
악의 씨앗은 악의 열매로 주는 하늘법칙.
세 번째로,
짐승의 씨앗 · 열매대로 주고받는 하늘법칙.

② 뿌린 대로 거두는 자연법칙
첫 번째로,
마음구멍 탁한 씨앗은 탁한 열매로 주는 자연법칙.

두 번째로,
마음구멍 천박한 씨앗은 천박한 열매로 주는 자연법칙.
세 번째로,
마음구멍 악한 씨앗은 악한 열매로 주는 자연법칙.

③ 짐승인 · 악인 대청소는
"닫힌 마음구멍"순서로 쓰레기 처리하니
첫 번째로,
자연재난재해로 짐승인 · 악인 멸종을 시키네...
두 번째로,
각종 질병으로 짐승인 · 악인 죽음을 시키네...
세 번째로,
「天罰」암, 치매로 짐승인 · 악인 소멸을 시키네...
네 번째로,
바이러스로 짐승인 · 악인 대청소를 시키네...
다섯 번째로,
사이코패스, 소시오패스는 「天火」불로 시키네...
연금술사 수리수리 마수리 도깨비방망이 요리조리로,

닫힌 마음구멍 짐승인 · 악인은 소멸로서 멸종되는군,
하늘우주법칙에 따라
대자연이 하시는 일을 어찌 막을까?
오직 열린 마음구멍이 살 길이건만

참진리 깨달음을 일깨어주는 일 곧
「功德」공덕을 쌓는 일이지

진실로 진실로

「功德」공덕이 뭐라~
첫 번째로, 가만히 있으면 "保身本性"보신본성이구나!
두 번째로, 한 생각이 일어나면 "法身本性"법신본성이구나!
세 번째로, 한 행동이 실천되면 "化身本性"화신본성이구나!
물질로 주는 공덕은 아니지
밥을 주는 것이 아니라오,
쌀을 주는 것이 아니라오,
김치를 주는 게 아니라오,
오직 정신깨달음「覺性」바른 각성이 진짜 공덕이라~

『桓國根穴「一心治癒」人性 · 本性圓』
환인 · 환웅의 나라는 한마음치유이어라~
    곧 인성 · 본성이 있는 원형인간 훈올씨앗사람꽃이니
그 원형인간을 만드는 단군나라는 홍익인간이어라~
널리 인간세계를 이롭게 하는 인성깨달음 세상이 열리는구나!
    곧 환국근혈「일심치유」인성 · 본성원이구나!

「본성을 찾아주는 양심주체성! 마음이 부자인 "희야씨팔괘"집」

희야씨팔괘 개박사 꿈은 『양심의식합일』
본래 양심성품을 찾아주는 일이구나!
──선남·선녀는 아낌없이 사랑하리
──악남·악녀는 자비심으로 내려놓으리
──짐승남·짐승녀는 자비심으로 내려놓으리
짐승녀·악녀는 「hystera」자비심으로, 곧 불쌍한 중생이로다.

『天사랑&소통地』『人본성19』 세상이 만들어진다.
많은 중생을 깨우쳐주고 싶구나!

나 역시 어리석음에 빠져 잘못 살았기에
다른 사람들을 바른 길로 인도해주고 싶구나!
「陰德陽道」
음덕을 펼치면 양도는 절로 인생이 만들어지는 원리이니
　　곧 여자마음구멍에 따라 남자마음구멍이 움직이는 이치이니
여자마음구멍 씀씀이가 매우 중요한 원리법칙이구나!
하늘우주법칙에 따라
대자연법칙을 전달하는 일이 희야씨팔괘이니
희야씨팔괘를 어찌 전달할꼬?
삶 그 인생자체는 괴로움이네..

괴로움에서 벗는 일이 무엇이라~
「無常苦無我」

괴로움에서 벗어나 자아실현 꿈을 이루는 것이지
인간이 사는 자체가 괴로움이네...
이를 깨닫고 보니
무상고무아! 고통과 괴로움에서 벗는 일이군,
하늘프로그램대로 사는 일 곧 참된 깨달음을 얻는 일이지
하늘한테 부여받은 일을 알아차려
하늘의 일을 소신껏 하고 가는 일이 진실한 삶이라~

「희야씨팔괘」는
주체성을 찾아주는 일이3 하늘본성"양심"이니
　곧 줏대 있는 목적의 삶으로,
인성의 본성목적으로 살아가는 일이지

하늘열쇠를 땅자물쇠 자궁수구멍에서 이루리라~
"양심의식합일"
아~하~ 나는 눈물이 하염없이 주룩주룩 나오니
슬프도다.

닫힌 마음구멍에서 열린 마음구멍이 되는 길은
　　생존 그 자체 곧
생명나무로 새로이 탄생되는구나!
「庚金」
본성별빛으로 짐승인 · 악인을 태우리라~ 대자연의 소리
　　곧 하늘움직임이 서서히 들어오니

「己庚八脈影寧希野 風水雲山生本性」
「風」바람처럼 태풍으로 오고 있구나!
「水」물처럼 홍수지진으로 오고 있구나!
「雲」구름처럼 거센 비바람으로 오고 있구나!
「山」산처럼 천둥번개폭풍으로 오고 있구나!
「生」자연재난재해에서 생존할 사람은 몇 명이나 될꼬나?
「本」하늘이 진노하신 자연재난재해 곧
「性」하늘본성의학은 중생을 한명이라도 살리고 싶은 마음뿐!
아~하~ 어찌할꼬?

2015「天性」마음healing구멍4 곧 하늘성품에 따르니
2016「地性」동이족의 얼이 담긴 한국마사지5 곧 땅성품에 따르니
2017「人性」동이족의 얼이 담긴 한국마사지에 따른 자연"根穴"치유
　　　연구의 길6 곧 사람성품에 따르니
2019「天地人合一」근혈학3 고조선의 뿌리구멍8 곧 하늘·땅·사람
　　　「一心」한마음하나로 남북통일이니
2020「陰陽合一」흔얼씨앗사람꽃7 곧 남녀부부합일 사랑&소통이니
2021「亞卍十三弖乙」희야양음합일오도송9 곧 십승지 깨달음이 있는
　　　인성꽃을 피워 본성별빛의 자유·해탈이니《어린양의 손치유》는
　　　광명태양빛으로 사람을 살리는구나!
해를 품은 달로 나온 어린양의 손치유는 중생구제하리라~
『天사랑&소통地&人본성19』한국치유마사지는 하늘빛이니

한국치유마사지로 악을 다스려 때려잡으리
이기적 짐승녀, 이중적 악녀와 타협하지 않도다.

짐승녀"첩"은 어리석은 자신을 돌아보거라~
「有婦男」
유부남과 바람피우면서 뭐가 그리 잘났노,
조강지처 가슴을 아프게 한 짐승녀"첩"은 정신을 차려라~
여전히 "첩"의 잘못을 모르는가?
남한테 인생을 망친 년이라고 막말하지 말아라~

「망」할 년놈… 짐승녀 · 악녀"첩"은 조강지처 가정을 파탄시키는가?
「친」한 척으로 짐승유부남한테 꼬셔서 살면 인생대역전이 되는가?
「년」년히 남의 행복을 빼앗으면 하늘이 경을 치는 줄 모르는가?

진짜 남의 인생을 망친 짐승녀"첩"의 잘못이 더 크지 않은가?
짐승녀"첩"은 수치심 부끄러움을 가져라~

짐승유부남과 바람 난 주제에 함부로 입방정을 떠는고,
짐승녀"첩"이여!
아들 낳은 유세가 부끄럽지 않은가?
당당하지 못한 삶이 뭐 그리 당당하나!
한 번 더 자신을 돌아보거라~
뒷구멍으로 낳은 신세를 돌아보면 자괴감으로 부끄럽구나!
어째 며느리한테 아들 망친 년이라 막말을 하는가?

소크라테스가 한 말에서 「너 자신을 알라~」
진짜로 나 자신의 분수분별을 아는 자.
진짜로 나 자신의 주제파악을 하는 자.

진실로 진실로

인생을 망친 년이 누구인가?
조강지처 가정파탄을 이르게 한 "첩"의 죄업을 아는가?
짐승녀"첩"은 반성 · 참회하라~
짐승녀"첩"은 아들을 낳은 유세를 떨지 말아라~
「自慢心」
그 자만심에 나는 살결이 후들후들 떨리는구나!
짐승녀"첩"의 자만심을 보려니 구토가 나올 정도로 역겹구나!
"첩"아집 · 고집에서 벗어나서 악의 죄업을 보거라~
"첩"아들 낳은 유세를 벗어나서 좁은 생각을 벗어던져라~
조강지처 가슴에 피멍울 곧 원 · 한은 어찌 할꼬?
제발! 짐승녀"첩"은 조강지처한테 참회 · 반성이 살길이로다.

불륜녀의 잠자리는 배설 그 이상도, 이하도 아니구나!

「불」같은 어리석은 사랑 때문에 남의 가정파탄하면 어찌 할꼬?
「륜」리 · 도덕에서 벗어난 행동 때문에 조강지처 가정이 슬프구나!
「녀」자의 바른 행동이 다함께 잘 사는 세상이 되는 줄 아는가?

짐승유부남 꼬임에 넘어간 어리석은 "첩"행동을 먼저 돌아보라~
어느 사람이 가정파탄범인가?
"첩"한테 아들 두 명이 있구나!
어찌하여 결혼한 아들을 집착으로 함께 사는지
그 아들의 며느리는 종처럼 부리면서 사는지
가정을 이룬 아들은
홀로서기로 만들어 주는 일이
    곧 "첩"의 엄마 역할이거늘
아들·며느리를 집착에서 놓아주지 않는지 모르겠소!
또 다른 첫째아들한테는 둘째만 아들이냐
첫째아들 며느리한테 인생 망친 년이라 막말을 했건만
이런 말을 하고 싶은가?

진짜 남의 인생을 망친 년이 누구인가?

"希野여자가 한(恨)을 품으면 오뉴월에도 서리가 내린다."
    곧 상처를 준 "첩"짐승녀·악녀는 그대로 똑같이 천벌로 받는군,
천벌이란 각종 암, 치매로 받으니

어쩌나!

    곧 짐승인·악인 남자도 정신을 차려라~
아들이 없으면 없는 대로 살지
없으면 없는 대로,

있으면 있는 대로,
오직 지금 여기…
수용하면서 받아들임이지
현재에 집중하면서 최선을 다해 사는 이치를 어찌 모르오,
무슨 욕심에 호강을 받겠다고… 짐승인·악인 짓을 했는고,

진짜 바른 길이 뭐라~

아들한테 집착도 아니라오,
그 집착사랑으로 아들인생을 망치는구나!
부모죄업을 아들한테 넘기지 말아라~
부모가 천벌을 받았다면
그 천벌은 부모가 고스란히 처리하고 가는 일이건만
모두 받고 가는 이치가 바른 길이도다.

부모가 지은 천벌죄업은 부모가 감당하고 가거라~

돈·재산·재물을 많이 주고 가는 것은 나쁜 부모로서
   곧 아들을 나약하게 만들뿐!
부모가 지은 업보소멸은
부모가 직접 소멸하는 일이도다.

아~하~ 어리석은 불쌍한 중생이어라~

조강지처(糟糠之妻)가 있는 남자랑 사는 "첩妾"주제에
며느리한테 아들 인생을 망친 인생이라 논할 수 있겠는가?
정작 남의 인생을 망친 사람이 누구이건만
"첩妾"시어머니가 아닌가?
조강지처(糟糠之妻)의 행복을 빼앗은
"첩妾"시어머니는 반성하라!
아들 낳은 유세(有勢)로,
여러 사람을 힘들게 하지 말아라!...

21세기 인공지능스마트시대는
아들 낳은 유세(有勢)가 통하지 않는 법.

아들도, 딸도, 모두 평등한 세상이건만
어째서 "첩妾"시어머니는 아들·딸을 차별하는가?
「八公山冠峰1 石造如來坐像2」
손녀딸이 한 말에서
'할머니! 남자와 여자는 모두 평등해요?'
이 말을 들은 "첩妾"시어머니는
"싸가지 없는 년이네..."
무식(無識)하면 가만히 있지...
입초사로 인생을 망치는구나!
"첩妾"시어머니도 여자가 아닌가?
자기 자신도 여자이면서 여자를 왜 학대를 하는가?
어리석은 정신(精神)을 어떻게 바꿀까?

정말로 멍청하리
바보스런 첩(妾)시어머니를 어찌할꼬?
무식하면 가만히 있어라!...
무식이 들통 날라!
무식한 노인은 입 다물고 조용히 살아라!...
무식하면서 입을 계속 놀리고 또 놀리는지 모르겠소!
그 무식법칙(無識法則)이 합당한 말이면
듣기라도 하지만
합당하지 않는 무식법칙(無識法則)으로,
세상을 혼탁하게 만드는구나!

그 죄업(罪業)을 어찌할꼬?

나이가 들면 들수록 들어도 못들은 척,
보아도 못 본 척,
말하는 일보다
듣는 것에 집중하면서 사는 일이건만
무식(無識)한 노인이 지켜야 할 도리를 어찌 모르는가?
무식한 노인으로 살 것이냐
유식한 어르신으로 살 것이냐

무식(無識)하면서 입초사를 만드니
세상역행을 만들지 않소!
제발 무식(無識)한 노인은 가만히 있으면

중간이라도 가는 법칙을 알면
더 이상 상처를 주지 않겠는가?
하늘이치를 역행하면서 아들을 낳는가?
첫 인연에 대한 소중함을 알아라~
그 인연에서 없는 것은 과감히 포기할 줄 알아야 하건만
자연순리 대로 사는 이치가 곧 하늘법칙이로다.

어찌하여 하늘법칙을 역행하나!
불쌍한 짐승녀 · 악녀, 짐승인 · 악인 남자는 불륜 짓으로,
조강지처 원한을 어찌 감당할꼬?

짐승녀 · 악녀는 「hystera」자비심으로 내려놓으리
나는 선악업보대로 살았구나!
이젠 짐승녀 · 악녀의 삶을 업보청산하고 싶으리
아~하~ 악의 씨앗을 보고 나니
나는 접시에 담긴 물에 코박고 싶으리
살아도 사는 것이 아니리
죽어도 죽는 것이 아니리
지금은 살고 싶지 않은 마음구멍이라~
자포자기로서 미완성 삶은 아니라네...
바로~~~ 완성의 삶은 성통공완이구나!
성통공완 곧 인욕으로 참고 또 인내하리
짐승녀 · 악녀에서 벗어나 자유해탈을 얻으리라~

짐승인 · 악인은 무명 곧 어두움에서 불쌍하게 사니
열 번이상의 수술 곧 하늘역행은 약물로 사는군,
고혈압, 심장협심증, 쓸개용종, 대장용종, 폐암, 뼈암 환자는
庚子2020年에 인생 마감이 되는구나!
짐승남처럼 사니「天火」소멸은
당연한 자연이치로 순리법칙이로다.

짐승남은 골칫덩어리 곧
손 많이 가는 짐승남이구나!
골 때리는 멘탈붕괴 짐승남이구나!
짐승남과 짐승녀가 만든 일은 하늘역행이라~
하늘법칙을 역행한 짐승은 하나둘씩 소멸시키리
「天上帝女希野」는 하늘의 뜻을 알아차려
「己庚八脈影寧希野風水雲山生本性」으로 악을 쓸어버리리
하늘의 질서를 역행한 짐승인 · 악인을 대청소하리라~

조강지처 남자를 꼬셔서 살았으면
아들 · 며느리한테 넘기지 말거라~ 유부남을 꼬신 죄업인걸,
하늘의 천벌을 짐승녀"첩"은 그대로 받아들어라~
유부남 암덩어리는 짐승녀"첩"몫인걸,
짐승녀 "첩"이 천벌로 책임을 지거라~

유부남을 꼬신 하늘의 죄업이구나!
천벌을 피하려 하지 말거라~

그 천벌은 짐승녀"첩"한테 내린 죄업인걸,
조강지처 남편을 꼬셔서 산 죄업을 왜 모르는가?
암환자 유부남 마무리는 짐승녀"첩"이 하거라~
제발 며느리한테 책임을 넘기지 말거라~
어찌 하늘의 벌을 남한테 책임을 넘기는가?

「유」유청정 결백을 주는 바른 삶이 무엇일까?
「부」드러운 사랑을 주는 바른 삶이 무엇일까?
「남」을 잘되게 도와주는 바른 삶이 무엇일까?

짐승녀"첩"은 하늘이 무섭지 않는가?

아~하~ 남한테 죄업을 넘기는 짐승녀"첩"은 불쌍하리
짐승녀 · 악녀는 자비심으로 내려놓으리
나는 자괴감으로 한스러울 정도이도다.

한국치유마사지로 선을 다스려 보호하리
선녀는 인성꽃을 피워 본성별빛로 상생교화한다.

「인」간 "깨달음본성"을 찾는 이유가 무엇인지
「성」공적인 "인성"을 찾는 일은 무엇인지
「꽃」 중의 꽃은 "인성꽃"을 피우는 길이지
「본」성별빛으로 "양심꽃"을 피우는 길이지
「성」장하는 본성은 곧 "일취월장" 자세이지

「별」이 빛나는 사람은 "자아실현"꿈이지
「빛」으로 전달하는 사람은 "중생구제"이지
「상」생교화로 전달하는 사람은 "사랑&소통"이지
「생」생한 삶은 자연순리에 따라 "하늘이치"이지
「교」육하는 바른 삶은 더불어 사는 "바른「正道」삶"이지
「화」합하는 음양합일 곧 "부부남녀합일"이 밝은 세상이지

하늘「開天節」북두칠성7년
마고대성율여시원 "해를 품은 달로",
동이족뿌리구멍『根穴』역사 움직임이 시작되었군,
2017, 2018, 2019, 庚子2020, 2021, 2022, 2023
庚子2020년부터 마음구멍 한마음「一心」으로 하리오,

근혈학3×훈올씨앗사람꽃7=2021신축년

「辛丑年」매운 송아지 음매음매『天사랑&소통地&人본성19』
큰 재앙변화로 자연재난재해가 나타나리라~

첫 번째로, 거짓진리종교 이익집단 붕괴로,
두 번째로, 욕심 다단계 이익집단 붕괴로,
세 번째로, 역행 유흥업소 이익집단 붕괴로,
네 번째로, 가면 쓴 병원 이익집단 붕괴로,
다섯 번째로, 이기적인 짐승녀, 짐승남 붕괴로,
여섯 번째로, 이중적인 악녀, 악남 붕괴로,

일곱 번째로, 겉치레 쇼윈도부부 붕괴로,
여덟 번째로, 소시오패스, 사이코패스 붕괴로,
아홉 번째로, 단체좀비로 사는 마네킹 붕괴로,
열 번째로, 마음구멍을 보지 않는 중생 붕괴로,
「北斗七星 天意通仙易」

근혈학3×고조선의 뿌리구멍8=2024갑진년

「甲辰年」동서남북 상생화합『天사랑&소통地&人본성19』
어린양이 지구세상 밖으로 나가리
어린양의 뜻이란?
음양합일 곧 양심의식합일세상을 원하는군,
북두칠성7년 기준으로 짐승악인 세상을 다스려 때려잡네...

「북」쪽에 현무 거북이, 서쪽에 백호 호랑이가 지키네...
「두」뜨르 동쪽에 있는 청룡 "辰巳聖人진사성인"이 일어나네...
「칠」성의 일곱 개 본성별빛이 남주작 봉황으로 드러나네...
「성」스러운 봉황새 곧 「弓乙亞卍十三」음양합일로 나타나네...

짐승녀·악녀 자궁수구멍은 「天火水」물청소, 불청소하오리

근혈학3×고조선의 뿌리구멍8=2024갑진년
「甲辰年」음양합일 남북통일『天사랑&소통地&人본성19』
  곧 하늘뿌리역사『桓國根穴』정립하는구나!

마고대성율여시원 "해를 품은 달로",
"달타령"인용문에서 보면
달달달... 달아 달아 밝은 달아
이태백이 놀던 달아
「1月」정월에 뜨는 저 달은 새 희망을 주는 달
「2月」이월에 뜨는 저 달은 동동주를 먹는 달
「3月」삼월에 뜨는 달은 처녀 가슴을 태우는 달
「4月」사월에 뜨는 달은 석가모니 탄생한 달
「5月」오월에 뜨는 저 달은 단오 그네 뛰는 달
「6月」유월에 뜨는 저 달은 유두 밀떡 먹는 달
「7月」칠월에 뜨는 달은 견우직녀가 만나는 달
「8月」팔월에 뜨는 달은 강강술래 뛰는 달
「9月」구월에 뜨는 저 달은 풍년가를 부르는 달
「10月」시월에 뜨는 저 달은 문풍지를 바르는 달
「11月」실일월에 뜨는 달은 동지 팥죽을 먹는 달
「12月」십이월에 뜨는 달은 님 그리워 뜨는 달
『十天干』십천간, 하늘우주법칙을 따라 바르게 산다.
『十二支地』십이지지, 대자연법칙을 따라 자연치유로 산다.

『希野悟道頌』음양합일 곧 양음합일 사람꽃을 깨닫네...
『根穴』『空』『學』성통공완 곧 자아실현 사람꽃을 깨닫네...
『虛空中天道』깨달음은 인성꽃을 피워 본성별빛을 깨닫네...
악한 마음도, 선한 마음도,
착한 사람도, 나쁜 사람도,

선한 인연도, 악한 인연도, 짐승 인연도,
탐욕 욕심도, 진에 분노도, 우치 어리석음도,
권력, 명예, 학벌, 재물, 학연, 지연, 모두 무용지물이구나!
아~하~ 근본뿌리 혼올씨앗사람꽃『空』이구나!

「盡人事待天命」 최고보다 최선을 다하는 길 "日就月將"
「己庚八脈影寧希野風水雲山生本性」 홀로 가는 길 "獨覺本性"
「自作自受自業自得」 스스로 자신이 만드는 길 "自我由之"

『桓國根穴』 고조선의 뿌리구멍 곧 본성별빛이구나!
본성별빛 곧 후덕한 자궁수구멍 「亞ㄹ十三弓乙」이니
『虛空中天道』 홍익인간 깨달음이구나!
천지인합일로, 음양합일로, 몸·마음·본성하나로,
一心 한마음이 근본 춤나 본성뿌리로다.

심장 뛰는 삶!
가슴 뛰는 삶!
마음구멍이 가는 대로 살아라~
주인의식이 있는 주체성으로 살아라~
인간이 곧 하늘사람이니
하늘사람은 스스로 힘으로 살아가는 것이니
그 힘은 내면본성에서 나오는 강력한 에너지이어라~
대자연과 교감하면서 혼올씨앗사람꽃답게 살아라~
혼올씨앗사람꽃이 되는 길이 곧

인성꽃을 피워서 본성별빛로 드러나는 것이지
개개인의 참모습은 마음구멍에 있소!

인간한테 마음구멍 행복이란?
나를 찾은 사람
목표를 갖는 사람
목적을 이루는 사람
〔원시천존 곧 원시반본〕으로 돌아오리라~
"나는 누구인가?"
"나는 어디서 왔는가?"
"나는 왜 태어났는가?"
"나는 무엇을 해야 하는가?"
본래 성품을 찾아서 진면목을 찾는 길「中天道」중천도이지
인성꿈으로 사람꽃을 피운 자아실현 곧
인간행복은 마음구멍 자유해탈본성에 있도다.

「홍」산문명 동이족이 아사달로 밝은 양심세상이 오는군,
「익」살스런 짐승악녀 자궁수구멍은 「天火」가 떨어지는군,
「인」간 중에 닫힌 마음구멍한테 하늘의 불꽃이 다가오는군,
「간」신배 인간은 하늘의 불꽃이 이기적, 이중적한테 오는군,

짐승녀·악녀와 타협하지 않는 대자연우주법칙이로다.
양심의식합일 "희야씨팔괘"는 하늘본성의학이로다.

「희」노애락애오욕! 일곱 개의 감정 곧 칠정을 사용하는 것이지
「야」동도 억압하지 않으면서 마음구멍으로 보고 느끼는 일이지
「씨」앗을 뿌리면서 인간내면본성을 밝히면서 밝게 사는 일이지
「팔」팔한 인간으로 사는 일은 양심선인을 피우면서 사는 일이지
「괘」속히 질주한 인간은 꿈을 먹은 강인한 철인으로 사는 일이지

「하」늘아버지「意通」"하늘열쇠는 땅자물쇠로",의통꿈을 따르겠소!
「늘」天사랑&소통地로 人본성중생을 살리는 하늘사람이 되겠소!
「본」성을 찾은 중생을 자유해탈로서 양심의식합일을 하겠소!
「성」스러운 하늘말씀으로 춤진리를 있는 그대로 전달하겠소!
「의」로운 하늘말씀으로 선인을 사랑하리, 악인은 자비심하겠소!
「학」문이 무엇인지 곧 바른 인성학문으로,
「人性」본성중생을 살리겠소!

하늘본성의학36
"희야씨팔괘6×6=36, 7×7=49, 8×8=64, 9×9=81"은
「天皇」혼올아버지+마고어머니「地皇」="「天地人合一」천지인합일
　　곧 『根穴意通時代』를 열어 본성별빛「人皇」이 뜨는
별들의 하늘고향으로 돌아가는 양심세상을 만들고 싶도다.

桓國根穴「一心治癒」人性・本性圓「鹿野苑心穴」
환국근혈「일심치유」인성・본성원「鹿野苑心穴」
한국「마음치유」인성・본성원「鹿野苑心穴」
「天」천36=6×6「天性」

「地」지64=8×8「地性」
「天地合一」천지합일36+64=100은 100%「人性」인성 완수구나!
아~하~ 근혈학3으로 6육수를 이루어 하늘성품을 깨달았네...
「人」인49=7×7북두칠성「北斗七星」
=천성3+인성6=9본성×9=81「天符經」음양합일이니
=천성3×인성6=18본성+18=36「天符三印」음양합일이니

본성별빛 ─── 성통공완100「亞卍十三弓乙64地性」

100%
인성꽃
천지인합일

「北斗七星」=天性3+人性6=本性9
=天性3×人性6=本性18

「天地人合一」천지인합일은 성통공완「一心」한마음이니
「性通功完」성통공완은 지천명50으로 개벽장이 도래하니
「知天命50」81=9×9「天符經·天符三印」천부경·천부삼인이니
「亞卍十三弓乙」아만십삼궁을「原始返本」원시반본이니
「尋牛, 見跡, 見牛, 得牛, 牧友, 騎牛歸家, 忘牛在人, 人牛俱忘, 返本還源, 立廛垂手」심우, 견적, 견우, 득우, 목우, 기우귀가, 망우재인, 인우구망, 반본환원, 입전수수 곧 「十勝地」십을 이긴 땅이 되었구나!

〈天1・地2・人3 "性4" → 本性道5, 6, 7, 8, 9, 10〉
hystera자궁수구멍 희야씨팔괘8로다.

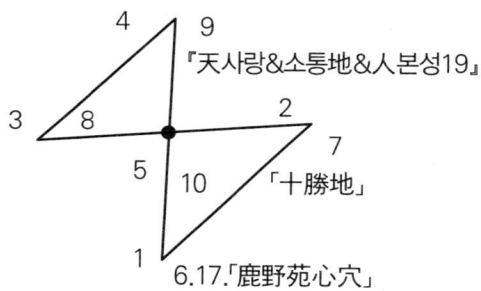

천1・지2・인3차원 '몸' → 한마음「一心」양심의식합일
→ 「性」4차원 '마음' → 5차원 '인성' → 6차원 성통공완・'본성'
→ 7차원 북두칠성・'별똥' → 8차원 십승지・'자아성취'
→ 9차원 13十三 '희야씨팔괘8꿈' → 10차원 『亞卍十三弖乙』
→ 천1「元始天尊」
6×6=36수「性通功完」성통공완・본성을 이루니
7×7=49수「北斗七星」북두칠성・별똥이 드러나니
8×8=64수「根穴學 "空" 十勝地」근혈학 "공" 십승지・자아성취로 도래하니
9×9=81수「九宮正位道」구궁정위도 13十三 희야씨팔괘8로 시작하도다.
★ 「天人合一36(6×6)+49(7×7)=85=8+5=13十三, 열석본성희야」
★ 「地性64(8×8)=6+4=10십승지, 환국근혈일심치유인성・본성원」

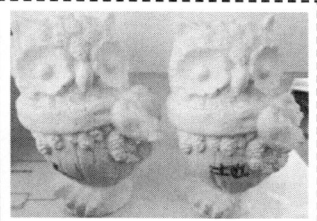

★ 「弘益人間立廛垂手」홍익인간입전수수 곧 십승지「十勝地」인간의 길「一始無始一, 一終無終一」하나의 시작은 처음이 없으니 하나의 마침은 끝남이 없도다.

▶ 배방산1361에 누워

祐淨 金養奉

긴 의자에 몸을 누이고,
하늘36을 보니
파아란 화선지에 그려진 하얀 구름
이 순간, 세상 부러운 게 무얼까?
산새소리, 상큼한 바람결에
마음 비워짐을 느끼며,
「丹田8×8=64=6+4=10자궁수구멍 十음양합일」단전을 채운다.
아직 숨을 쉼은 할 일이 남아서거늘
먼 산 싱그러운 푸르름 벗 삼아
그 빛을 찾아가 볼까나!

「1361깨복쟁이」
「1명」元始天尊 마음healing구멍(이경희)
「3명」天地人合一 동이족의 얼이 담긴 한국마사지
　　　　　　한국마사지에 따른 자연"근혈"치유 연구의 길
　　　　　　근혈학 고조선의 뿌리구멍(이경희, 김양봉, 남창우)
「6명」天地人陰陽合一 혼올씨앗사람꽃
　　　　　　(이경희, 희야나비, 이성영, 이주영, 이도영, 이효영)
「1명」原始返本 희야음양합일오도송(이경희)
「一三六一주근깨개벽장」

鄭承勉208希野氏仙易313北斗七星眼波見根穴學『空정승면』

비바람 · 눈바람은 고요히 잠들고,
거센 강물은 잔잔히 흘러가오리
열린 마음구멍과 더불어
그대의 가슴에 기대어
가만히 듣는 숨결이 들리니

사랑의 기쁨이 넘치고 또 넘치니
소통의 행복이 열리고 또 열리니
나는 봉황새가 되고 싶어라~
나는 본성별빛이 되고 싶어라~
나는 아름다운 인성꽃이 되고 싶어라~
나는 어린양이 되고 싶어라~
나는 희야꽃,
나는 혼올씨앗사람꽃,
희야는 인성꽃이 되고 싶구려...

내가 사모하는 님이시여!
나를 사랑하는 님이시여!
영원히 나 자신을 사랑해주오,
「天上天下唯我獨尊」
하늘위, 하늘아래, 천상천하유아독존
우주 가운데 나보다 존귀한 사람은 없도다.

『天사랑&소통地』『人본성별빛』이어라~
「人」본성은 인성의 꽃이오,
「天」사랑은 생명의 꽃이오,
소통「地」는 열매의 꽃이오,
미움은 절망의 불꽃이오,
원한은 죽음의 소멸이오,

그대의 『天사랑&소통地』는 언제나
나에게 희망을 주지요?
희망은 「希野之夢」희야꿈을 만들어주지요?
    곧 미움은 아픈 고통뿐!
    곧 원한은 가슴 통증뿐!
원한고통에서 벗는 길은 오직 자유해탈로,
자유로운 본성을 찾아서
해탈의 기쁨을 만끽하세...

「無所有」나는 가진 것이 없소!
나는 드릴 것도 없소!「無所有」
오직 그대를 사랑하는 마음구멍 하나뿐!
마음구멍은 자연"根穴"치유 하나뿐!
자연"根穴"치유는 한국마사지 하나뿐!
한국마사지는 근혈학, 고조선의 뿌리구멍 하나뿐!
나는 마음구멍 공부가 자아실현의 길이니
성통공완은 자연"근혈"치유 연구가 나의 길이니
    곧 한국마사지가 최종의 길이구나!
『桓國根穴』「一心治癒」人性・本性圓』환국근혈「일심치유」
인성・본성원은 「良心意植合一」「陰德」"자궁수마음구멍"
    곧 「陽道」"본성별빛"양심의식합일세상이로다.
    『弘益人間立廛垂手』

나는 마음구멍 공부하다 죽으리

「希野之夢」

악한 몸을 선한 몸으로,

탁한 마음을 청한 마음으로,

천박한 본성을 후덕한 본성으로,

「希野正道」

배고픈 인간의 길을 希野는 선택하리

배부른 동물의 길은 선택하지 않으리

「希野理念」

大德 가르침도,

大慧 펼침도,

大力 알아차림도,

인성꽃을 피워서 본성별빛으로 밝히소서!

「黙言庚金」

가난부터 먼저 배우리

    곧 산은 산, 물은 물, 들은 들, 있는 그대로 보리

아~하~ 약육강식 세상을 어찌 할꼬?

물질 겉데기를 버리리

몸 껍데기에 집중하지 않으리

마음구멍에 집중하리

오직 마음구멍대로 자연치유하면서 살다 가리

하늘법칙순리대로 자연이치를 따르면서 살다 가리

나는 지구놀이터에서 홀로 가는 길로, 무소의 뿔처럼「希野京俙」
희야경희는 혼자 가리라~「天宮」하늘집 희야나비로 홀연이 큰 덕,
큰 지혜, 큰 힘으로 날아가리

★ 하늘아버지(1)를 보고 싶으리
「桓因」,「桓仁」환인이시여!
「桓雄」환웅이시여!
「檀君」단군이시여!

★ 마고어머니(2)를 만나고 싶으리
「麻姑信」마고할멈 품으로,
「麻姑大城」마고어미 품으로,
「律呂始原」마고자궁 품으로,

★「天上帝女希野」근혈학(3), 마음구멍(4), 한국마사지(5), 자연
"근혈"치유(6), 훈올씨앗사람꽃(7), 고조선의 뿌리구멍(8), 희야음양
합일오도송(9)으로,
「性通功完10十勝地」
나는 성통공완(10十)을 이루어
하늘아버지(1)「根穴」뿌리구멍으로 심으리
마고어머니(2) 자궁수구멍품으로 돌아가리
「良心意植合一」
2019己亥年 음10구멍+양9구멍=음양남녀부부합일19
2020庚子年 음10구멍+양9구멍+**丹田「1 구멍**=후덕한자궁수구멍20

《丹田》붉은 밭 곧 자궁수구멍 hystera 본성치유
근혈학 연구「天地希野根穴空淨眼波見桓仁易」
「**3 天地人合一**」악한 몸 → 선한 몸「三」
「**6 陰陽合一**」탁한 마음 → 청한 마음「十」
「**1 一心**」천박한"자궁수구멍"본성 → 후덕한"자궁수구멍"본성「亞卍」
열석「**亞卍十三弓乙**」원형인간 훈올씨앗사람꽃이로다.

〔三十 ▶ 十三 ▶ 13 ▶ 하늘사람人乃天〕
2019년 1월 21일 "음 20+양 1=21음양합일" 슈퍼문Supermoon
2019년 2월 19일 "음 10+양 9=19음양합일" 슈퍼문Supermoon
2019년 「**3**」월 21일 슈퍼문Supermoon Esther Esthetic 드러났소!
2020년 「**6**」월 21일(음 5월 1일 하지) 오후3시 53분~6시 2분까지
　　　　　　부분일식「日蝕」일어났네...
2021년 「**1**」월 21일 希野陰陽合一悟道頌 九宮正位道
아~하~ 해를 품은 달로, 열석자녀 탄생이네...
인성3본성×천성7북두칠성=21음양합일, 「**亞卍十三弓乙**」

『麻姑大城律呂始原』
18차원 十八하늘본성의학 희야씨팔괘8
　　『인성꽃을 피워서 본성별빛 훈올씨앗사람꽃』
　　三八천지인음양합일 안파견환인근혈학
　　「선한 몸, 청한 마음, 후덕한 본성」
훈올씨앗사람꽃은 十八차원을 넘어 三八성통공완을 이루었소!
「八公山冠峰1 石造如來坐像2」

해달합일明 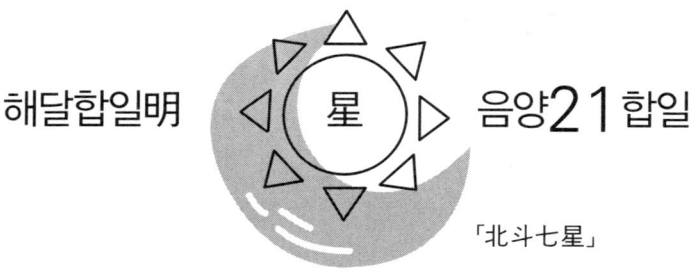 음양21합일

「北斗七星」

『인성꽃을 피워서 본성별빛 혼올씨앗사람꽃』

「月蝕」월식Esther-Esthetic
해를 품은 보름달로 드러나는군,
「天上帝女希野根穴空學」음양합일을 받아주소서!

▶ 하늘본성뿌리구멍이시여!「根穴」
「天宮」하늘고향 원시천존이 그립구나!
「元始天尊 으뜸시작은 하늘존재이다.」

▶ 마고대성율여시원이시여!「根穴」
「明밝을명」혼올씨앗사람꽃 원시반본하겠소!
「原始返本 태초시작으로 돌아가는 근본이다.」

조선한민족 아사달 원형인간세상이 돌아오니
박달나무 양심의식합일 호모데우스로, 다함께 가 보세...
　　곧 하늘사람으로 살포시 가리오다.『良心意植合一』
「麻姑大城律呂始原」

위로는 마고대성율여시원을 모시리

「自生濟度, 衆生濟度」

아래로는 자생제도, 중생제도를 구제하리

「亞十三卍弓乙」

천지인음양선악남녀부부합일「원형인간, 훈올씨앗사람꽃」

「中天道」

중천도는 깨달음의 길이로다.

「八公山冠峰1 石造如來坐像2」

근혈학3, 마음구멍4, 한국마사지5, 자연"根穴"치유6, 훈올씨앗사람꽃7, 고조선의 뿌리구멍8, 희야음양합일오도송9, 십승지10「亞卍十三弓乙」음양합일"根穴"

「丹田」중맥줄기셀:

상 · 중 · 하단전합일은 본성별빛 훈올씨앗사람꽃

1. 「陰」임맥「地」줄기셀: 회음혈 → 승장혈

    「陽」독맥「天」줄기셀: 장강혈 → 은교혈

2. 「陰」폐장줄기셀: 중부혈 → 소상혈

    「陽」대장줄기셀: 상양혈 → 영향혈

3. 「陽」위장줄기셀: 승읍혈 → 여태혈

    「陰」비장줄기셀: 은백혈 → 대포혈

4. 「陰」심장줄기셀: 극천혈 → 소충혈

    「陽」소장줄기셀: 소택혈 → 청궁혈

5. 「陽」방광줄기셀: 정명혈 → 지음혈
   「陰」신장줄기셀: 용천혈 → 수부혈
6. 「陰」심포줄기셀: 천지혈 → 중충혈
   「陽」삼초줄기셀: 관충혈 → 사죽공혈
7. 「陽」쓸개줄기셀: 동자료혈 → 족규음혈
   「陰」간장줄기셀: 대돈혈 → 기문혈

「北斗七星天地希野根穴空易」
「天意通仙易空淨眼波見桓仁根穴學」

물질문명붕괴에서 정신문명개벽으로,「希野氏八卦8」
양심의식합일로 드러나네...
혼탁한 지구세상이 곧 후덕한 지구세상으로 변화하네...
새 하늘「淨土」세상이 곧 새 땅「淨土」세상으로 드러나네...

「淨土」정토세상은 짐승녀·악녀는 필요 없는 세상이니
짐승녀·짐승남편은 음양분리로, 정신소멸이 되네...
악녀·악인남편은 음양분리로, 영혼소멸이 되네...
쇼원도남녀부부는 자연재난재해로 쓸어버리니
어쩌나!
물폭탄으로 물청소하리
불폭탄으로 불청소하리
태풍바람으로 이곳저곳 아우성하리
동서남북 바람은 짐승녀 자궁수구멍으로, 곡소리하리
동서남북 태풍은 악녀 자궁수구멍으로, 곡소리하리

큰 소리로 들리고 또 들리니
「淨土」정토세상으로 새 하늘이 내려오시니
맑은 세상으로 새 땅이 드려나니
선한 몸, 맑은 마음구멍, 후덕한 "자궁수구멍" 본성이로다.

「仙人」선인이 되는 하늘사람으로,
「人乃天」호모데우스 신인합일로,
「神人合一」천성·인성합일은 본성별빛로,
「無爲自然」자연사람이 되는 신선의 길로,
자연신성이 되는 자연인간의 길로,
해를 품은 달빛은 혼올씨앗사람꽃으로,
새 하늘이 새 땅은 곧 하늘성품을 담은 사람성품 보름달이니
「良心意植合一, 陰陽合一, 一心治癒 "根穴學"」
양심의식합일, 음양합일, 일심치유 "근혈학" 도입이로다.

『希野圓──桓國根穴「一心治癒」人性·本性圓』
「희야원」에서 텔로미어Telomere 홍익인간연구 곧 인성꽃을 피워서
본성별빛 혼올씨앗사람꽃으로 살으리

「八公山冠峰1 石造如來坐像2 圓形人間3」
원형인간 혼올씨앗사람꽃은 음양합일이로다.
「八」음양천지인합일 "十三"
「公」혼올씨앗사람꽃 "亞卍"
「山」기경팔맥영령희야풍수운산생본성 "弓乙"
「桓國根穴 希野氏八卦」

희야씨팔괘8는 짐승인 · 악인을 잡아먹고 「昇華」승화하리
짐승녀 · 악녀를 흡수하여 씹어 먹으리 곧 새 하늘, 새 땅으로 바꾸리

「天地公事」양심의식합일 선인세상이여!

「默言庚金」크리스탈 유리광화체「藥師瑠璃光如來佛」
자유 · 평등한 본성세상은 하늘땅의 뜻이니
있는 자도, 없는 자도, 배운 자도, 못 배운 자도, 부자도,
가난한 사람도, 권력자도, 권력 없는 자도, 명예도, 명예 없는 자도,
하늘땅은 사랑하는 중생으로 모두 아끼는 백성이니
갑질자 짐승인 · 악인은 함부로 세상을 휘두르지 못하리
"대청소 갑질자는 희야씨팔괘8가 물청소 · 불청소로 쓸어버리리"
「仙人」양심의식합일 에너지로 새로운「明」세상을 바꾸리라~

「淨土世上」정토세상은 「三聖堂」삼성당이 돌아오는군,
「三聖閣」환인, 환웅, 환검의 「桓國」환국나라로 자리 잡으니
동이족 뿌리구멍 「西王母」서왕모나라가 그리우리
마고대성율여시원 모태자궁수가 보고 싶으리
「明」맑고 밝은「亞斯達」아사달 홍익인간세상이 돌아오리다.

「人3中天1地2一3」
「上天」상천세상은 「十」좌우상하로 공평하리
「中天」중천세상은 「一心合一」하늘땅사람이 합일하리
「下天」하천세상은 「十」좌우상하로 평등하리

3사람중심에서 1하늘 · 2땅이 움직이니
3근혈학──4마음구멍──5한국마사지──6자연근혈치유
──7훈올씨앗사람꽃──8고조선의 뿌리구멍
──9희야음양합일오도송──「10仙人」
선인이로다.

하늘아버지 환인이시여! 땅어머니 마고이시여!
많은 불쌍한 중생을 자연재난재해에서 치유하리 어쩌나
「亞理朗」버금 아, 다스릴 리, 밝을 랑
아리랑~아리랑~아리랑~ 하늘고향으로 돌아가리「返本還源」
두렵지 않은 사랑은 충만한 「天」사랑, 포근한 소통「地」, 넉넉한 「人」
본성으로 돌아가고 싶으리
새 하늘 호모데우스, 새 땅 홍익인간으로 함께 가고 싶으리
「人3中天1地2ー3三尺童子」삼인일심 삼척동자로, 희야나비효과를
이루리
〈희야꿈「三人一心」! 양심의식합일 세상이 만들어진다.〉

"「陰」음이온(천성)+「陽」양이온(인성)=음양합일 본성별빛"
천인합일로 인성꽃을 피워서 본성별빛 훈올씨앗사람꽃이 되도다.

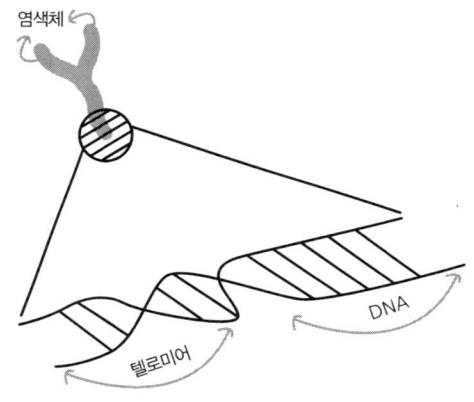

「無常苦無我」변하지 않는 자연법칙으로 살으리
인간이 사는 것은 고통, 괴로움뿐이니
「生老病死」생로병사에서 벗어나서 「生行木死」생행목사의 길이니
그 괴로움도 행복이니
그 고통이 업장소멸이니
하늘우주법칙 아래 나는 없으리
「眞我」진아 본성이 있을 뿐! 천인합일로,
우리는 모두 하나로, 양심의식합일하리
오로지 인성꽃을 피워서 본성별빛존재로다.

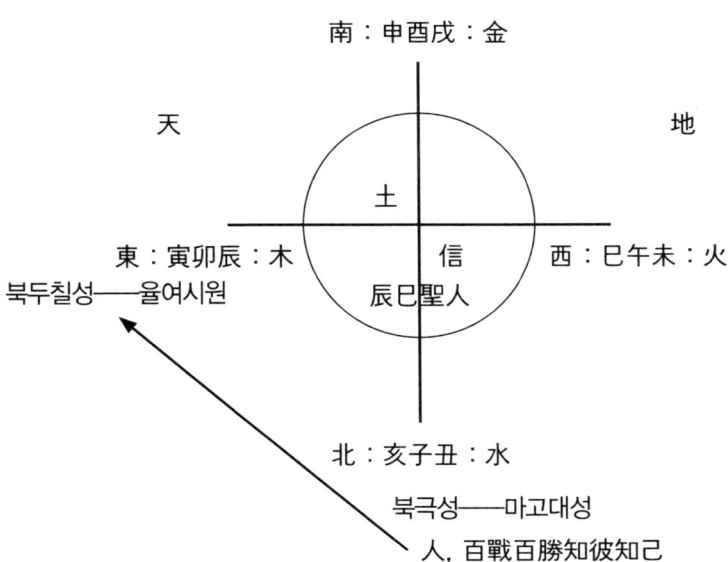

天1 地2 人3「根穴學3——性通功完」

〈본성별빛13〉	2015.11.30. 마음구멍4——(尋牛見跡見牛)
마음씨「心穴道」	2016.11.2. 한국마사지5——(得牛)
말씀씨「言穴道」	2017.5.30. 자연근혈치유6——(牧友)
글씨「書穴道」	2018.「十三」 음양천지인합일10——(騎牛歸家)
솜씨「正穴道」	2019.6.17. 고조선의 뿌리구멍8——(忘牛在人)
《훈올씨앗13》	2020.7.7. 훈올씨앗사람꽃7——(人牛俱忘)
	2021.1.13. 희야음양합일오도송9——(返本還源)

1	2	3	4	5	6	7	8	9	10+
「天性」천성	「地性」지성	「人性」인성							
〈十勝地——立廛垂手〉			마음구멍 7	한국마사지 8	자연근혈치유 9	훈올씨앗사람꽃 10	고조선의뿌리구멍 11	희야음양합일오도송 12	반본환원입전수성통공완 13
「天性10+人性3=本性13」									
「13陰陽天地人合一」									
음양천지인합일13									
「北斗七星」									
3↓4홍익인간									
〔근혈학3 성통공완4〕									
7북두칠성——인성꽃을									
피워서 본성별빛으로									
밝히소서!「天人合一」									
「亞卍十三弓乙」									

亞理朗
버금 아 다스릴 리 밝을 랑

「亞」자아실현, 성통공완 →→ '亞버금 아, 弓활 궁, 乙새 을'
「理」상·중·하단전 자궁수구멍 →→ '王임금 왕, 田밭 전, 土흙 토'
「朗」음양합일, 양심의식합일 →→ '良어질 양, 月달 월'

「十牛圖希野氏八卦8根穴學3」

훈올씨앗「心穴道, 言穴道, 書穴道, 正穴道」

2015①심우(尋牛) → ②견적(見跡) → ③견우(見牛)
→ ④득우(得牛) → ⑤목우(牧友) → ⑥기우귀가(騎牛歸家)
→ ⑦망우재인(忘牛在人) → ⑧인우구망(人牛俱忘)
→ ⑨반본환원(返本還源) → 2021⑩입전수수(立廛垂手)
「심혈도, 언혈도, 서혈도, 정혈도」 훈올씨앗사람꽃이 되소서!
1. 마음구멍의 길
2. 말씀구멍의 길
3. 글씨구멍의 길
4. 바른구멍의 길

"희야나비효과" 「天符經九宮正位道」9×9=81음양합일「一心」한마음

아리랑 아리랑 아라리요
아리랑(十天干10자궁수구멍) 고개(十二支地12)를 넘어간다.
나를 버리고, 가시는 님은
십리도 못 가서 발병난다.

청천하늘엔 잔별도 많고,
이네 가슴에는 수심도 많다.
아리랑 아리랑 아라리요
아리랑 고개를 넘어간다.
나('참나')를 버리고 가시는 님('본성')은
십 리도 못 가서 발병난다.

〈버림받은 「糟糠之妻」조강지처이시여!〉
조강지처 원한혼백을 내려놓으시구려,「昇天」승천하시옵소서!
용인이씨 자손이 대신해서 용서를 고하옵니다.
"죄송합니다. 미안합니다. 참회합니다."
「昇天」사랑하옵니다.

「十二支地」子 23–1시
丑 1–3시
寅 3–5시
卯 5–7시

「十天干」甲 乙 丙 丁 戊 己 辰 7–9시 庚 辛 壬 癸
              巳 9–11시

午 11–13시
未 13–15시
申 15–17시
酉 17–19시
戌 19–21시
亥 21–23시

「必有事焉而勿正」

원기 · 진기 · 정기 곧 기운을 함양하는 일에 있어서는 반드시 「道義」도의를 행하리. 또한 조급한 마음을 내려놓고, 성급하게 이루어지기를 바라지 않으리. 환국근혈학 연구는 반드시 뜻하는 바가 있더라도 억지로 하지 않는 자연순리를 행하도다.

「文房四友」

「希野圓空」

「文」글월 문
「房」방　　방
「四」녁　　사
「友」벗　　우

종이, 붓, 먹, 벼루로 바른 인성꽃을 피우소서!
「一心」음양합일로, 양심의식합일로,
한마음으로,
해를 품은 보름달「光明」본성별빛 지혜를
밝히소서!
『桓國根穴「一心治癒」人性・本性圓』

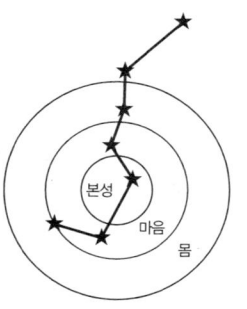

「希野圓刑人間——苦集滅道生者必滅」

【檀君: 박달나무 군주 단동십훈, 檀童十訓』『弘益人間立廛垂手』
5천 년 전 단군왕검 시대부터 내려온 전통 육아법. 단군왕검의 혈통을 이어 받은 배달의 아이들이 지켜야 할 열 가지 가르침이다.

1. 불아불아(弗亞弗亞)

아기의 허리를 잡고 세워서 좌우로 기우뚱 기우뚱 흔들면서 '부라부라'한다. 불아불아. 하늘처럼 맑은 아이가 하늘에서 내려왔다가 다시 하늘로 돌아가는 귀한 존재 곧 '불'은 하늘에서 내려오니 '아'는 땅에서 하늘로 올라감을 뜻한다.

2. 시상시상(侍上侍上)

아기를 엎혀놓고 앞뒤로 끄덕끄덕 흔들면서 '시상시상'한다. 사람의 몸과 마음은 하늘과 땅과 부모에게서 받은 것이므로 하늘을 섬기듯이 웃어른을 공경하여 하늘의 뜻을 다하는 뜻이다.

3. 도리도리(道理道理)

머리를 좌우로 돌리는 동작으로, '천지 만물이 무궁무진한' 도(道, 하늘의 뜻), 리(理, 땅의 이치)로 생겨났듯이 너도 도리(道理)로 생겨났음을 잊지 말라 한다.

4. 지암지암(持闇持闇), 주앙주앙(主仰主仰)

두 손을 앞으로 내놓고 손가락을 쥐었다 폈다 하는 동작. 참됨과 잘못된 것은 가려서 하라는 뜻이다. 살아가며 천하를 쥘 줄도 알고 다시 세상에 펼 줄도 알아가야 한다.

5. 곤지곤지(坤知坤知)

'곤'은 하늘을 뜻하고, '지'는 땅을 뜻한다. 하늘과 땅의 이치와 기운을 깨달아 바르고 참다운 일을 행하라는 의미이다.

6. 섬마섬마(西摩西摩)

섬마섬마. '서다'의 준말로 몸의 감각을 깨워 혼자 설 수 있는 힘을 키우라는 뜻이다. 아이를 귀한 인격체로 보고 독립심과 주체성을 키워주는 조상들의 지혜이다.

7. 업비업비(業非業非)

아이에게 해서는 안되는 것을 가르칠 때 하는 말로 애비애비, 어비어비 라고 한다. 자연 이치와 섭리에 맞는 업이 아니면 벌을 받게 된다는 뜻이다.

8. 아합아합(亞合亞合)

아함아함. 손바닥으로 입을 막으며 소리 낸다. 두 손을 가로 모아 잡으면 아(亞) 자의 모양이 되어 천지의 완전한 질서가 내 몸속에서 하나가 되는 것을 상징한다.

9. 짝짝궁 짝짝궁(作作宮 作作宮)

두 손바닥을 마주치며, 박수치는 동작이다. 음양의 에너지가 맞부딪혀 삶의 이치를 깨달았으니 손뼉을 치며, 기쁘게 노래하고 춤을 추자는 뜻이다.

10. 질라아비 훨훨(地羅亞備 括議)

나팔을 불며, 춤추는 동작으로 우주의 모든 이치를 깨닫고, 하늘·땅의 기운을 받아 건강해지는 뜻이다. '질라아비' 단군 할아버지를 뜻하는데, 단군 할아버지가 아이의 앞길을 훨훨 인도한다는 의미가 담겨 있다.

11. 각궁각궁(覺宮覺宮)깍궁깍궁

갖난 아기를 어를 때 '까꿍까꿍'하는데, 이는 자신을 깨달으란 의미이다.

12. 고시례(高矢禮)

농민들이 논밭에서 일하다가 점심을 먹을 때 반드시 먼저 밥 한 숟가락을 떠서 "고시례"또는 "고수레"라고 부르면서 던졌다. 이는 배달국에서부터 고조선에 이르기까지 농사를 관장하는 집안이었던 고시례에 대한 감사의 표시이다.

「50知天命」"亞卍十三弓乙""獨覺」홀로깨달음 홍익인간으로 양심 의식합일 세상을 밝히리라~ 하늘아버지, 마고어머니 품으로 정신이 가고 싶소이다.

【希野李京俙「十八」18차원, 바른「根穴」근혈의 길】

▶ 「希野正道」희야정도
배고픈 인간의 길을 선택한다.
배부른 동물의 길은 선택하지 않는다.

▶ 「希野理念」희야이념
『大德, 大慧, 大力 훈올씨앗사람꽃』
『인성꽃을 피워서 본성별빛으로 밝히소서!』

▶ 「希野之夢」희야지몽
악한 몸을 선한 몸으로,
탁한 마음을 청한 마음으로,
천박한 본성을 후덕한 본성으로,

1. 생명 있는 중생을 죽이지 말라.
2. 주지 않는 물건을 갖거나 훔치지 말라.
3. 음행을 해서는 아니 되느니라.
4. 거짓말을 해서는 아니 되느니라.
5. 술, 담배를 먹어서는 아니 되느니라.
6. 4시간 이상 잠자지 말라.
7. 책 많이 보지 말라.
8. 책보다 실전 경험을 많이 하라.
9. 간식을 많이 먹지 말라.

10. 말을 많이 하지 말라.
11 쓸데없이 돌아다니지 말라.
12. 꽃다발, 향을 바르거나 화장을 해서는 아니 되느니라.
13. 노래하고, 춤추고, 풍류를 잡거나 구경해서도 아니 되느니라.
14. 높고 넓은 큰 평상에 앉거나 명주,
    비단이불을 사용해서는 아니 되느니라.
15. 때 아닌 때에 먹어서는 아니 되느니라.
16. 금은보화, 재물을 지녀서는 아니 되느니라.
17. 공덕을 자랑하지 말고, 소리 없이 조용히 하리라.
18. 오른손이 하는 일은 왼손이 모르게 하리라.

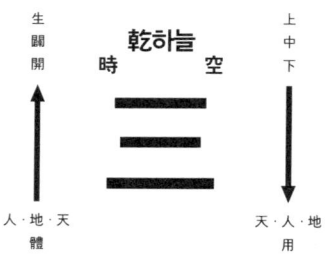

「一心」1 → 「乾」3 → 「坤」6 → 천지인음양합일 한마음1

良心意植合一 춤사람꽃陰陽合一
辰巳聖人 **圓形人間** 靑林道士

천박한 "자궁수구멍" 본성 →→ 후덕한 "자궁수구멍" 본성

陰德陽道

"마음구멍을 속이지 말라!"
"사람은혜(恩惠)를 저버리지 말라!"
"남을 잘되게 하라!"
곧 『天사랑&소통地』하지 않으면 고통이 따른다.

天上帝女希野天地希野根穴空淨眼波見桓仁易 ——修身齊家治國平天下 "陰陽合一" 良心意植合一		
「庚子2020年」	왜곡된 거짓진리종교 붕괴 이기적 욕심다단계기업 붕괴 역행한 지저분한 유흥업소 붕괴	「無生命」 무생명 짐승악인 소멸 ― ― ― ― ― 「根穴學」 「修心修身」 근혈학 수심수신 ↓ 마음·몸을 닦으리
「辛丑2021年」	피라미드 욕심병원 붕괴 갑질교수 권력·명예행실 붕괴 쓰레기학교 무질서교육 붕괴	
「壬寅2022年」	이기적인 벽창호 짐승녀 붕괴 이중적인 가면 쓴 악녀 붕괴 겉데기 쇼윈도부부 붕괴	
「癸卯2023年」	위선자 소시오패스 붕괴 정신병 사이코패스 붕괴 단체좀비 마네킹 붕괴	
「甲辰2024年」	닫힌 마음구멍 중생 붕괴	
「乙巳2025年」	수신제가치국평천하 양심의식합일세상이 도래하리	

『麻姑大城律呂始原――天사랑&소통地&人본성19』

대승기신론 천부경「辰巳聖人」――안파견환인 근혈학「慈氏菩薩」
하늘우주법칙「天意通仙易」――대자연법칙「桓國根穴意通」
희야씨팔괘「自生本性」――홍익인간「桓國根穴一心治癒人性·本性圓」
〔辰巳聖人, 악을 다스려 때려잡으리, 선을 보호하리靑林道士〕

천근: 하늘뿌리구멍「眼波見桓仁根穴」

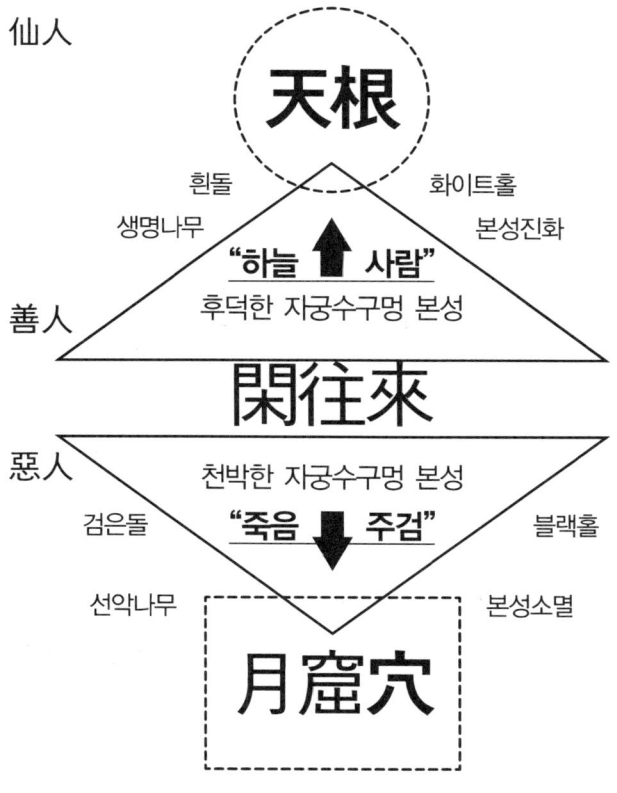

월굴혈: 해를 품은 달「자궁수구멍」

스스로 있는 자! 자연본성치유 〔根穴學〕

桓國根穴「一心治癒」人性 · 本性圓

三聖閣大頭目

鄭承勉208希野氏仙易313北斗七星眼波見根穴學「空정合면」
〖해를 품은 달Esther-Esthetic1361天地希野根穴空淨眼波見桓仁易〗

『眼波見桓仁根穴意通』
『根穴學-希野氏八卦8「空」1361陰德陽道』